Der Tod in Venedig

Eine philosophische Lesart

Lutz Abeling

Zweite, leicht überarbeitete Fassung

Titelbild: William Turner (1775-1851)

ISBN: 978-1494835569

Inhaltsverzeichnis

Einleitung

Die Novelle *Der Tod in Venedig* ist eines der bekanntesten und populärsten Werke von *Thomas Mann*, was sicher zunächst mit seiner Kürze verglichen mit den großen Romanen zu tun haben mag, dann vor allem aber an der enormen Geschlossenheit und Tiefgründigkeit liegt, die dem Leser auf wenigen Seiten einen konzentrierten Blick in das Innere seines Denkens erlaubt. Es ist dies ein Werk, das kaum eine wirkliche *Handlung* hat, nur wenige agierende *Personen*, - im Grunde sind alle außer Aschenbach und dem erst spät (im dritten Kapitel) in die Geschichte eintretenden *Tadzio* nur Staffage. Auch packende oder wenigstens tiefsinnige *Dialoge* finden sich kaum, wenn man vom inneren Monolog Aschenbachs und seinen imaginierten Dialogen absieht. Um so erstaunlicher ist der beträchtliche Erfolg des Werks bis auf den heutigen Tag.

Nun ist Thomas Mann schon als Person der Zeitgeschichte eine äußerst interessante Figur, hat er doch von der ausgehenden Kaiserzeit über die beiden Weltkriege, die Weimarer Republik, das US-amerikanische Exil und schließlich die frühe Nachkriegszeit an fast allem teilgehabt, was in der Geschichte des 20. Jahrhunderts von Bedeutung war; und dies nicht nur rein physisch, wie es jedem zur rechten Zeit Geborenen zukommt, sondern gewissermaßen an vorderster Front, im Kontakt mit den maßgeblichen Persönlichkeiten der Zeit, literarisch, politisch, privat. Dann noch seine Familie, von jeher ein Festmahl für die Illustrierten und das Feuilleton: von seiner Lübecker Herkunft über die Heirat mit der wohlsituierten *Katja Pringsheim* zu den sechs Kindern, die jeweils für sich alleine den Stoff für Romane geliefert haben: Selbstmord, Homosexualität, Generationenkonflikt, Geldgeschichten - was will man mehr? Tragik und Glamour lagen in seinem Leben nahe beieinander; immerhin zwei seiner Geschwister starben von eigener Hand. Nicht zu vergessen die stete Rivalität mit seinem Bruder *Heinrich*, eine Rivalität in jeder Hinsicht, politisch, literarisch, persönlich, ja selbst hinsichtlich der Konzeption von Literatur überhaupt. All dies hat sich dann auch nicht im Verborgenen abgespielt, sondern Thomas Mann war ein eifriger Brief- und Tagebuchschreiber, was dann ergänzt wird durch zahllose Zeugnisse aus dritter, wenn nicht vierter Hand.

Wozu also sollte man da sich noch in die hochgeistigen Abgründe eines Herrn *von Aschenbach* vertiefen wollen, wo doch alles auch auf anderem Wege erreichbar erscheint, und zwar, wie es scheint, viel leichter zugänglich, unterhaltsamer, gefälliger? Und selbst wenn man sich für die härtere Tour entscheidet, so kommt man nicht umhin, überall den Autor und seine illustre Welt hindurchscheinen zu sehen. Trägt Aschenbach denn nicht unübersehbar einige Züge des Autors selbst? Viel ist denn auch bereits über dieses Werk geschrieben und gemutmaßt worden, aus allen möglichen Perspektiven ist es besprochen worden. Aber bei näherem Hinsehen ging es dabei nur allzu oft mehr um den Autor, seine Motive und Absichten, seine Leidenschaften, seine sexuelle Orientierung, seine Seelenbewegung, den historisch-biografischen Kontext, die Herkunft einzelner Motive; das Werk, die Sache selbst, kam dabei unter die Räder.

Eben Letzteres hat sich nun dieses Buch zum Ziel gesetzt: Das Werk in gewisser Weise von seinem Autor, von der Dominanz seines Entstehungszusammenhangs und der Biografie zu befreien, dem Werk sein Eigenrecht wiederzugeben. Ein Kunstwerk, das in irgendeiner Weise *schön* sein will, das etwa Gegenstand eines *interesselosen Wohlgefallens* der Gemütskräfte (kantisch zu reden) sein will, muss aus sich selbst sprechen können. Es muss *ein* Ganzes oder gar *das* Ganze in sich selbst vorstellen, nicht an spezielle Interessen und Neigungen appellieren. Es kann sich nicht auf die vortrefflichen Absichten des Autors oder auch auf die historische Richtigkeit einzelner Beschreibungen berufen, auf seine Beglaubigung durch etwas anderes, als was bildlich-sinnlich dem Betrachter oder dem Leser vor sein geistiges Auge führt. Zu einer solchen Betrachtung des *Tods in Venedig* will diese Schrift zurückführen oder wenigstens einen Beitrag dazu leisten. Aus der Verlorenheit in einer schier endlosen Vielzahl von Aspekten und Bezüglichkeiten will sie den

Blick zurückwenden auf das, was eigentlich im Text steht, auf die Geschichte selbst, die uns da erzählt wird.

Denn dieser Text, der um den Zentralgedanken der *zweiten* oder *wiedergeborenen Unbefangenheit* kreist, ist von höchst aktuellem Interesse. Es ist die Geschichte eines hochkultivierten Selbstbewusstseins, das durch Kritik hindurchgegangen, sie sich an sich selbst hat abarbeiten und damit neutralisieren lassen, das nun in unanfechtbarer Souveränität der Welt als Ideal und Vorbild vorausleuchtet: *ein bewusster und trotziger, alle Hemmungen des Zweifels und der Ironie zurücklassender Aufstieg zur Würde.* Auf seine alten Tage erscheint dem Helden der Geschichte freilich diese hart erarbeitete Würde als schal und vor allem *leblos*, als der Mühe nicht wert; er sieht sich denn konfrontiert mit der Frage nach der *wirklichen*, *nicht reflektierten* Unbefangenheit, nach natürlicher, jugendlich-farbenfroher Schönheit. Oder das gereifte Alter, sei es nun das des Menschen überhaupt, des Künstlers oder der Kultur als ganzer, spürt in sich einen unaufhaltsamen Drang nach einer Rückkehr zu den Ursprüngen, zu der Grazie, die *vor* oder *nach* einer Unendlichkeit der Reflexion liegt[1], zu der Natürlichkeit und Naivität des Anfangs. Hier in der Novelle gestaltet sich diese Rückkehr vor allem in Form des alten platonischen Motivs von der Umkehrung der Seele, vom Aufstieg zum wahren Sein, nach der Hingabe des stolzen Ichs, durch die Macht des *Eros*, von Liebe und Schönheit, oder auch des *Ewig-Weiblichen*, von denen jene scheinbar so uneinnehmbare Festung der kritikgestählten Unbefangenheit letztlich *hinan* gezogen wird. So verbinden sich denn *Leben* und *Tod* in einer wesenhaften Weise, also einer nicht bloß empirisch-zufälligen Faktizität, wie etwa das Ende einer Akkuladung.

---

[1]In dieser sich an Kleist anlehnenden Formulierung erscheint das Thema ja in Thomas Manns Alterswerk *Doktor Faustus,* wo es gerade auch seiner kulturhistorischen Dimension betrachtet wird. Vgl. dazu jetzt vom Autor die Studie *Doktor Faustus: Eine philosophische Deutung.* - Die Behandlung dort ist jedoch ganz von der Problematik eines wilhelminischen Humanismus und seines Zusammenhangs mit dem Faschismus dominiert, so das man die frühe Novelle im Grunde als das zeitlos tiefere Werk betrachten muss.

Diesem - hier nur ganz holzschnittartig angedeuteten - Gedankenkomplex wollen wir in der Novelle folgen, ihn in der Erzählung selbst immanent aufweisen und diskutieren. Daraus geht bereits hervor, dass eine solche Wendung zur Textimmanenz schlechterdings nicht heißen kann, das Kunstwerk nun einfach *gedankenlos* zu betrachten, es einfach passiv aufzunehmen im Sinne einer *tabula rasa*. Diese positivistische Auffassung der Sache liefe in letzter Konsequenz ja ohnehin nur darauf hinaus, das Kunstwerk einfach zu reproduzieren, es exakt, maßstabsgetreu nachzuahmen, zu kopieren, - es einfach nur zu *verdoppeln*. Es will vielmehr im *Gedanken*, mit einem gewissen Verständnis betrachtet werden, was aber eben auch dem *Missverständnis* Raum gibt.

So mag denn an dieser Stelle ein kleiner Exkurs in die Problematik der Mythendeutung hilfreich sein, dieses Nachdenken über Bilder, Dichtungen und andere Kunstwerke zu erläutern. Eine klassische Denkfigur ist hier der *Euhemerismus*, benannt nach dem Stoiker *Euhemeros*. Hier wird *eine* Reihe von Dingen oder Begebenheiten auf eine *zweite*, davon schlicht *verschiedene* abgebildet. Um dies tun zu können, braucht man eine bestimmte Verfahrensregel (ggf. einschließlich eines Schlüssels), die diese Abbildungsrelation regiert; einfachsten Falles kann etwa eine partielle Identität, eine *Ähnlichkeit*, das verbindende Glied bilden. So erklärten die Stoiker etwa die vier Flüsse des Paradieses als Hinweis auf die vier stoischen Kardinaltugenden: Das eine hat *per se* mit dem anderen eigentlich gar nichts zu tun, nur die Gleichheit der Zahl verbindet sie. Es mag nun allerdings *Schlüsselromane* geben, die genau nach diesem Prinzip verfahren, wo eine Person auf eine andere abgebildet wird und auf diese Weise Aussagen über die eine insgeheim auf die andere gemünzt sind: Das ist alles nun aber eben kein mythisch-metaphorisch-künstlerisches Verfahren; es ist vielmehr schlicht prosaischer Verstand, schlichte Tatsachenbehauptung, durch Kenntnis der Mapping-Tabelle banal aufzulösen.

Es gibt aber noch eine andere bekannte Rede, die mit dem Bild des Flusses operiert, nämlich den Satz *Heraklits*: *Niemand steigt zweimal in denselben Fluss.* Auch hier ist offensichtlich, dass Heraklit uns nichts über Flüsse als solche erzählen will, schon gar nicht über irgendeinen bestimmten einzelnen Fluss. Er handelt vielmehr von hoch abstrakten *Konzepten* wie dem *Werden*, der *Kontinuität*, der *Identität* und *Bewegung* von Personen und Ähnlichem; er sucht *begriffliche* Zusammenhänge in Bildern darzustellen. Diese sind nun allerdings keine *anderen Dinge* zum Fluss, überhaupt nichts, was von außen an den Fluss per Zuordnungsregel herangetragen wäre: Das *Werden* ist in der Vorstellung des Flusses, die *Kontinuität* im Fließen des Wassers in massiver Weise *enthalten*, *in* den Bildern *selbst*, ja nicht nur dies, sie *veranschaulichen* diesen abstrakten Begriff in ganz *einzigartiger* Weise, sie werden dort ausdrücklich sichtbar, während sie sonst wohl immer mitspielen, aber leicht zu übersehen sind. Warum aber geht Heraklit, der historisch an der Nahtstelle von Mythos und aufklärerischer Reflexion steht, den Umweg über den Fluss und das Hineinsteigen in denselben? Nun, aus eben demselben Grund, aus dem der Mythos ganz natürlich und unreflektiert diesen Umweg geht: weil das Reden in abstrakten Begriffen hochproblematisch, ja *grenzwertig* ist, wiewohl man es offenbar auch nicht schlechthin vermeiden kann. Es scheint doch ein Bedürfnis zu geben, nicht nur über konkrete Gegenstände, über diesen Stuhl und diesen Tisch zu reden, sondern auch über *Gott und die Welt* oder noch reiner: über *Wesen und Dasein* oder *Sein und Zeit.* Jeder kennt diese Worte, kennt einigermaßen ihren Gebrauch in seiner Muttersprache; spätestens aber, wenn es dann darum geht, Sätze allein damit zu bilden, rein begriffliche Aussagen zu formulieren oder zu verstehen, dann merkt man, wie sumpfig und schwankend das Gelände ist, auf dem man sich bewegt.

Es scheint einen inneren Zusammenhang von Begriffen und Anschauungen zu geben, wie etwa *Kant* ihn formuliert hat: *Begriffe ohne Anschauungen sind leer, Anschauungen ohne Begriffe sind blind.* Aus diesem Diktum folgt dann freilich auch, dass man es nicht bei der von Künstlern so gern propagierten Haltung, alles Begriffliche zu dämonisieren und ins Konkret-Anschauliche aufzulösen, belassen kann: Die begrifflose Anschauung wäre ja eben blind, ohne Bedeutung; der Mythos oder der Roman nichts weiter als eine schlichte, nur leider unrichtige (und damit wertlose) Tatsachenbeschreibung. In diesem Sinne will unsere Interpretation des *Tods in Venedig* die Bilder auf ihren begrifflichen Gehalt hin befragen, auf die Gedanken, die den Bildern wesentlich eigen sind. Wir wollen also an jene Grenze gehen, die die Gedanken als solche herauszuheben versuchen, ohne damit einer völligen Verselbstständigung, mithin einer *Apriorisierung*, die nur Vorhergewusstes *wiedererinnert*, das Wort zu reden.

Was Autor und Leser einer solchen Betrachtung mitzubringen haben, sind folglich nicht irgendwelche geheimen Kenntnisse über die *Codes*, mit denen Thomas Mann arbeitet, oder der Philosophie oder der Absichten, die er andernorts offenbart hat. Es geht vielmehr allein um eine gewisse Achtsamkeit auf die gedanklichen Gehalte, die sich im Text selbst finden, eine gewisse Vertrautheit mit den Bedeutungen, die mit bestimmten Gestalten verbunden sind, und eine gewisse Übung und Geläufigkeit im Hin- und Herwenden und Aufeinanderbeziehen solcher Gehalte. Dies wäre einzig noch zu ergänzen durch eine entsprechende Aufmerksamkeit auf die literarische Form und auf ihren Zusammenhang mit dem Inhalt; und es gibt in der Tat Kunstformen, das Drama auf der Bühne, Oper, die Pantomime, Instrumentalmusik, wo die verbal explizite Sprache gegenüber der non-verbalen fast verschwindet.

Natürlich können auch Verweise auf die Entstehungsbedingungen erhellend sein, eben weil die lebendige Sprache und ihre Bilder doch nicht im strikten Sinne universal und immer mit denselben Konnotationen verbunden sind, wie etwa dies in technischen Zusammenhängen vorausgesetzt wird. Aber dennoch ist es um diesen allgemeinen Sinn letztlich zu tun, und jene Frage nach den Entstehungsbedingungen nur insofern relevant, als damit der Zugang zu diesem Sinn ermöglicht wird. Ein Werk der Dichtung, ein avanciertes, hochreflektiertes, wie dies der *Tod in Venedig* darstellt, kommt uns dabei natürlich sehr entgegen, wo ja sogar der Sokrates des *Phaidros* und des *Symposions*, also *Platon* höchstpersönlich, mit am Tisch zu sitzen scheint. Die Bilder werden hier bereits innerhalb ihrer selbst, innerhalb der Dichtung, dem Denken sehr nahe gerückt; das Spiel von Begriff und Anschauung findet bereits innerhalb der dichterischen Gestaltung und als deren Gegenstand statt und reflektiert sich gewissermaßen von selbst. Das Bedürfnis, auf zufällige Randbedingungen der Genese zu rekurrieren, wird dadurch minimiert. Das zeigt im Übrigen auch, dass wir mit diesem Ansatz, die Novelle zu lesen, auch nur eine Tendenz radikalisieren, die diesem Werk oder der Kunst überhaupt *selbst* immanent ist.

Auch explizite Passagen Thomas Manns lassen sich für diese Auffassung geltend machen. In seiner Erzählung *Die vertauschten Köpfe* findet sich der Satz: *Denn es gibt nicht nur die Wahrheit des Verstandes, sondern auch die gleichnishafte Anschauung des menschlichen Herzens, welche die Schrift der Erscheinungen nicht nach ihrem ersten, nüchternen Sinn, sondern auch nach ihrem zweiten und höheren zu lesen weiß und sie als Mittel gebraucht, das Reine und Geistige dadurch anzuschauen.* Bemerkenswert ist zunächst, dass hier nicht nur von der Kunst die Rede ist; nein, die ganze Welt hat diesen Doppelcharakter. Sie besteht einmal aus einer *Schrift der Erscheinungen* mit einem vordergründigen Sinn (der Welt der handgreiflichen Dinge[2]), und hat dann einem zweiten, geistigen Sinn: Die *ganze* Welt also ist Sprache, Text, Symbol, Gleichnis, Geist. Nicht die *Kunst* ist von daher ein seltsamer Sonderfall oder etwas schlechthin Irrationales, sondern der *Verstand*, der sich streng nur an den Vordergrund sich hält. - Dann aber wird gesagt, dass dieser zweite Sinn *nicht* einer ist, der *für sich*, abgetrennt vom ersten zu denken ist, als Ergebnis einer Übersetzungs- oder Entschlüsselungsoperation, so wie man ja auch nach einer Dechiffrierung den verschlüsselten Inhalt beiseitelässt. Hier aber ist es anders: Der zweite Sinn ist nur *durch* und *in* den ersten *anzuschauen.* Dies kann freilich auch wieder nicht heißen, die

[2]Schon die in der Zeit beharrenden *Dinge* oder *Substanzen* gehen ja über die wechselhaften Anzeichen aus Empfindungen, Anschauungen oder auch Gefühlen hinaus.

die Unterscheidung des ersten und des zweiten Sinnes gar nicht stattfinden kann und soll, dann gäbe es auch jene Wahrheit des *Verstandes* überhaupt nicht, es hätte dann auch keinen Sinn, das *Reine und Geistige anschauen* zu wollen. Man könnte immer nur eindimensional im Gefühl schwelgen, ohne überhaupt je etwas Gleichnis und doppeltem Sinn wissen zu können. In diesem Sinne will dieses Buch nun allerdings die Aufmerksamkeit einmal vor allem auf jene *Vernunft* richten, die es im *Tod in Venedig anzuschauen* gibt.

Der *Form* nach ist die Novelle leicht als eine *Tragödie* zu erkennen; sie ist in *fünf* Kapitel eingeteilt, lehnt sich also offenbar an die fünfaktige Struktur der klassischen griechischen Tragödie an. Auch die Form ist eine solche *Randbedingung*, ohne die es kein Kunstwerk geben kann, aber eine solche, die dem Werk *immanent* ist, ihr inneres Äußeres gewissermaßen. Sie die Wendung des *Inhalts* nach außen, seine Ausbreitung in Raum und Zeit, in Akte, Kapitel, Verse, Silben. In den Strukturen der Form, also in der Anordnung von Hebungen, Betonungen, Gleichklängen usw. reflektiert sich die Logik des Inhalts und unterstützt diese so, weist auf diese zurück. Darum ist die Form doch keineswegs selbst an die Stelle des Inhalts zu setzen; wo ihre Behandlung in einen Kultus der Stile und Ausdrucksform, in eine regelrechte *Artistik* ausartet, der sich an die Stelle des dann marginalisierten Inhalts zu setzen sucht, da zerstört sie das Kunstwerk selbst. Die Form hat ihren Sinn vielmehr einzig in Bezug auf den Inhalt, darin, diesen zu klarer und deutlicher Entfaltung zu bringen, damit er nicht in formloser Innerlichkeit verschwebt, sondern *sichtbar*, greifbar, gegenwärtig wird. In diesem Sinne werden wir auch auf den formalen Aspekt bei dieser Novelle achthaben müssen, wo die formelle Meisterschaft ja nicht nur aufseiten der Form (als Meisterschaft des Autors, also Thomas Manns), sondern auch auf der Seite des Inhalts (als Meisterschaft Aschenbachs) thematisch wird.

Mit der Form der *Tragödie* ist dann ferner noch besonders der Gedanke der *Notwendigkeit* - nämlich der des Inhalts - verbunden; schon Aristoteles spricht dies in seiner klassischen Bestimmung der tragischen Form aus. Bei dieser Kunstform erwartet man am wenigsten ein beschauliches Schlendern durch die Landschaft, das Hin- und Hererzählen von Nettigkeiten und Anekdoten, weitläufige Beschreibungen, wie sie im Roman oder auch im Epos Platz haben und weite Teile der Literatur ausmachen. Wenn irgendwo, so scheint hier der Ort für eine solche für eine philosophische Betrachtungsweise zu sein.

ERSTES KAPITEL

Bereits im ersten Abschnitt intoniert der Autor sein Thema, genau genommen schon mit den ersten Worten, dem *Namen* des tragischen Helden; schon dieser ist ein erstes, gewissermaßen miniaturisiertes Orakel, das ganz keimhaft den tragischen Gegensatz, um den es gehen wird, vorwegnimmt. *Aschenbach*, ein perlender, vorwärtsdrängender, gelenkiger Bach, der offenbar nur Asche, das ausgeglühte Leben des Feuers, zutage bringt. Auch im verliehenen Adels-*von* seines Namens versteckt sich diese Zweideutigkeit: ein Adel der *Leistung*, des *Erfolgs*, was weder zur alten noch zur neueren, heruntergekommenen Rolle des Adels so recht passen mag. Sofort wird die Sache noch deutlicher, wenn der Autor auf die *Eindringlichkeit und Genauigkeit des Willens*, das *Fortschwingen des produzierenden Triebwerks in seinem Innern*, der *kontinuierlichen, ununterbrochenen Seelenbewegung*, wie überdies noch mit Cicero erläutert wird, zu sprechen kommt; und auf den Gegensatz dazu: die *Ruhe*, der umstandslos eine rein dienende Funktion zugewiesen wird, als ein bloßes Mittel zum Zweck, nämlich der Rekreation *seiner Kräfte*, also der *Wiederherstellung* jener Betriebsamkeit. Die Ruhe, die Negation der Bewegung und der Kreativität, soll ihm zu einem *ersprießlichen*, mithin *produktiven* Abend verhelfen; die *Entschleunigung* wird so im Grunde nur um der *Beschleunigung* willen gesucht, um zu weiterem Vorwärtskommen zu *verhelfen*. Die Minderproduktion ist ein Defizit in Bezug auf die volle Selbstbewegung; sie ist nicht wirklich ganz bei sich selbst.

Offenbar hat der gereifte, erfolgreiche Schriftsteller, das bereits sehr weit vorangekommene Ich, damit so seine Schwierigkeiten. So rein und erfolgreich dieses Ich bereits sein mag, so scheint es damit doch nur *überreizt* zu sein; die zum Dienen geschaffene Ruhe scheint ihre Rolle nicht mehr erfüllen zu können oder zu wollen, gewissermaßen wie in einen Streik getreten. Es kommt hier einiges darauf an, wie man das *Alter* auffasst: als bloß äußerlichen Umstand, als eine zufällige Funktionsminderung der körperlichen Maschinerie, - dann ist auch die folgende Tragödie nur ein recht zufälliges Schauspiel, so wie defekte Maschinen gelegentlich recht seltsame Funktionsweisen zeigen. Oder man versteht das Alter tiefer, als etwas zur Natur des Geistes selbst Gehöriges und sie Ausdrückendes; dann müsste es also auch eine äußere Parallele zu jenem inneren Zustand der *Überreizung* oder der *Überreife* des puren Erfolgs geben. Die poetische Sprache könnte damit dann mehr ausdrücken, als eine eindimensional-exakte Rede über Leistungsparameter in Abhängigkeit von der Zeit dies je könnte.

Im zweiten Abschnitt wird dann der Bogen gespannt von der Betriebsamkeit der Stadt, nämlich einem *volkstümlich belebten Wirtsgarten,* zu einer morbiden Friedhofsatmosphäre, wo der Spaziergänger Gelegenheit hat, über die ewige Ruhe zu meditieren, über die *durchscheinende Mystik,* die diese niedergehende Welt, der *scheidende Tag,* erkennen lässt. Die *Mystik* ist der Gegenpol zu aller kreativen Betriebsamkeit, die Reflexion alles Scheinenden und Wandelbaren in das ewige All-Eine, vor dem jede Eitelkeit in Nichts zerfällt. Natürlich sind das nur *Träumereien* für den Erfolgsmenschen, in denen er sich - *sein geistiges Auge - verliert,* die er sich nur zerstreuungshalber und um der Rückkehr willen erlauben darf. Der *apokalyptische* Gegensatz ist damit - wenn auch eher untergründig, verborgen unter dem ganz harmlosen, scheinbar rein atmosphärischen Plätschern des Textes - so weit vorbereitet, dass nunmehr der tragische Gegensatz in seiner nächsten Gestalt zutage gefördert werden kann, - *oberhalb der beiden apokalyptischen Tiere, welche die Freitreppe bewachen;* Scylla und Charybdis, die die Route der Freiheit hüten - oder doch eher *bedrohen.*

Der Form nach ist die Novelle eine Tragödie, hatten wir gesagt, und als solche besteht ihr erster Teil aus der Exposition, deren Kern irgendeine Art von *Orakel* ist: ein krasser Gegensatz, zwischen dem es dennoch einen wundersamen Übergang gibt. Die eine Seite verwandelt sich durch den Gang der Handlung in die andere (und umgekehrt). Im Orakel, oder wie hier als Bild, ist solches aber erst in ganz rätselhafter Weise angedeutet, unbegreiflich, schräg, irreal, aller Logik der Welt widersprechend. Im

Drama, wo das Orakel sehr handgreiflich und als eigene Person auftreten muss, da spricht es selbst, spricht den Zusammenhang als ein notwendiges zukünftiges Geschehen aus, wie bei *Ödipus* oder *Macbeth*; in der Novelle, wo die Verhältnisse rationalisierter und damit weniger holzschnittartig sind, da können der Erzähler und die beschreibende Rede an seine Stelle treten.

Als ein solches Rätsel taucht das Orakel auch ganz *unvermittelt* im Blickfeld auf: Es gibt keinen nachvollziehbaren Übergang zu ihm aus der regulären Welt. So weiß denn Aschenbach nicht zu sagen, wo der obskure Mann eigentlich hergekommen ist, und er hält sich mit dieser sinnlosen Frage auch gar nicht lange auf. Zunächst nimmt die Gestalt sich noch recht normal aus, trägt sogar den landesüblichen Rucksack; aber näher besehen passt vieles an ihm nicht zusammen. Namentlich ist es der Gegensatz zwischen dem Willens-Ich (einer mager-hageren Gestalt auf erhöhtem Standpunkt: *erhobenen Hauptes*, die ihm etwas *herrisch Überschauendes, Kühnes* gibt) und der äußeren, körperlichen Merkmale, die sich durchaus nicht dem strengen Willensgestus fügen mögen, sondern ein disziplinloses Eigenleben zu führen scheinen. Der Adamsapfel etwa ist *stark und nackt,* die Zähne sind unbedeckt von allem vermittelnden Zahnfleisch, sodass umgekehrt seine Haltung etwas Barbarisch-Wildes hat, womit das Fehlen einer *wirklichen* Beherrschung der Natur oder einer wirklichen Einheit von Wesen und Erscheinung angezeigt wird. Die Gestalt ist so eine Karikatur auf das, was Aschenbachs Meisterschaft vorstellen will, ist die Verhöhnung ihres Anspruchs: *Das bist du* oder *wirst du sein*, scheint der Mann zu sagen, indem dieser sogar noch ungeniert den Blick erwidert, *kriegerisch, so gerade ins Auge hinein.* Vielleicht ist der Sinn auch ganz allgemein zu fassen: *Ecce homo.*

Aschenbach reagiert, wie alle tragischen Helden zunächst reagieren, *mit dem beiläufigen Entschluss, des Menschen nicht weiter achtzuhaben.* Er meint das unsinnige Gefasel des Orakels einfach ignorieren, einfach *vergessen* zu können: Mit solchem Widersinn hat er doch nichts zu tun. Es ist dies der erste, direkteste Versuch, den tragischen Widerspruch aufzulösen und die Selbstgewissheit des Helden zu wahren: Weitere, weniger platte Anläufe werden folgen. Aber sie alle werden scheitern.

Aschenbach täuscht sich, wenn er meint, dass ihn das Orakel schlechthin nichts anginge. Es war ja nur die grelle Ausführung dessen gewesen, was in den scheinbar so beschaulichen Einleitungspassagen bereits untergründig am Werk gewesen war. So ist denn das Orakel gleich darauf durchaus in der Lage, in seinem Innern einen Resonanzboden zu finden, es in Schwingung zu versetzen: *Eine seltsame Ausweitung seines Innern ward ihm ganz überraschend bewusst, eine Art schweifender Unruhe* ... Er beginnt, sich durch das Orakel des Disparaten seiner eigenen Befindlichkeit bewusst zu werden; aber eben nur erst als eines Rätselhaften, als einer unbestimmten Unruhe, eines Schwankens zwischen unverträglichen Polen. Nur das Rätselhafte, das Nicht-Zusammenpassende bei gleichzeitig gefühlter Zusammengehörigkeit ist es, was Aschenbach und die Tragödie vorantreibt; sie hat denn auch nur den Sinn, Licht auf diesen finsteren Gegensatz-Zusammenhang zu werfen, die Sinnhaftigkeit, ja gar Notwendigkeit der seltsamen Verbindung zu offenbaren, die das Orakel so grell vor uns hingestellt hat. Aschenbach kann denn nicht einfach *bei sich* bleiben, kann nicht einfach zu seiner alltäglichen Routine zurückkehren. Er muss sich auf den Weg zur Wahrheit machen, nach der ihn nunmehr ein *jugendlich durstiges Verlangen* erfasst, denn da wo er ist, da ist diese nicht, da ist eben jener grelle Gegensatz oder Widerspruch, den das Orakel ihm eigentlich mehr nur in *Erinnerung* gerufen hat.

Dieser Weg ist natürlich vom Grundsatz her kein anderer als der Weg Fausts, als der Weg des Platonischen Weisen, der - geleitet durch den Widerspruch - gezwungen wird, sich von den Schatten loszureißen und den mühsamen, schwer verständlichen Blick ins Licht der Idee zu tun; oder auch der Weg der *Phänomenologie des Geistes* Hegels: der Weg weg von einer Pseudo-Einheit, die nunmehr als unerträglicher Widerspruch erkannt wird, bei der nicht länger zu verweilen ist. Als Erfolgs- und Willensmensch kann Aschenbach das freilich so nicht verstehen. Als solcher weiß er nichts von einem *Weg der Verzweif-*

lung (Hegel), nur von einem gewissen Urlaubsbedürfnis, das den Menschen ab und an überkommt, ähnlich den Wartungsintervallen der Maschinerie. Sein Verlangen ist für ihn denn nur *Reiselust, nichts weiter*, wenn auch der Erzähler gleich durchblicken lässt, dass da noch mehr im Spiel sein muss, ereignet sich dieses Nichts doch *wahrhaft als Anfall auftretend und ins Leidenschaftliche, ja bis zur Sinnestäuschung gesteigert;* eine Reiselust, durchaus *üppig und ungesund*, ein *tropisches Sumpfgebiet.* Es wird sofort deutlich, dass es hier nicht auf ein paar Tage zum Shoppen nach Paris geht, sondern wie bei Faust zu einer Reise zu allen *Wundern und Rätseln* dieser Welt, gewissermaßen durch alle Abgründe, durch die Totalität des Menschengeistes hindurch, der zwischen den Polen dieses apokalyptischen Gegensatzes aufgespannt erscheint.

Aschenbach sieht sich genötigt, sich ob solch sumpfiger Ausschweifung zur Ordnung rufen, und unternimmt einen neuen Anlauf, die Sache in den Griff zu bekommen. Für ihn kann solch ausschweifende Fantasie nur ein wüstes *Gesicht* sein, ein Fremdkörper, den er schließlich mit *Kopfschütteln* sich vom Anzug brüstet. Um eine *hygienische Maßregel* ist es ihm lediglich zu tun, bloß um die Unkosten, die *gegen Sinn und Neigung* eben ab und an entrichtet werden müssen, um den eigentlichen Zweck (den *Sinn* der Übung) zu erreichen. Es geht als um eine sehr überschaubare und beschränkte Unternehmung. Nicht nur mit einer Reise im obigen Sinne einer *Erfahrung* des *Selbsts*, also mit einer existenziellen *Involviertheit* des Ichs in diesen Weg selbst, hat Aschenbach nichts im Sinn; überraschend ist, dass er auch dem scheinbar so modernen Drang, in fremde Länder auszuschweifen, neue Welten kennenzulernen, über den eigenen Tellerrand hinauszublicken, nichts abgewinnen kann.

Noch überraschender ist freilich die Begründung dafür. Es ist nämlich gerade *nicht* die Bodenständigkeit, das Festgewurzeltsein in der heimatlichen Scholle, die diese Haltung Aschenbachs motiviert, sondern eben das Gegenteil - gerade seine konsequente *Modernität.* Denn gerade diese, die rastlose Energie des Ichs, den unbändigen Freiheitsdrang, das *Yes we can*, verkörpert Aschenbach, mag die Novelle ihn auch mit der etwas altfränkischen Garderobe des ausgehenden 19. Jahrhunderts bekleiden und das Ganze überdies noch in die Sphäre des Künstlertums tauchen. *Always on the road* ist eben zweideutig: Es kann einerseits heißen, dass das Ich sich in der Vielheit der Stationen *zerstreut*, in touristische Nichtigkeiten und tausendmal bereits fotografierte Sinnesreize sich *verliert*, über der Vielzahl bunter Bilder, fremder Bräuche, aufregender Landschaften das Eigentliche, sein Ich und die stetige Aufgabe der Selbststeigerung *vergisst* und das Wesentliche in einem endlos-geschwätzigen Klein-Klein von Zufälligkeit versenkt: *Alles so schön bunt hier.* Es gibt ja auch kaum etwas Geistloseres, als die Vorträge von Fremdenführern, die die äußerlichen Zusammenhänge abgesunkener und vom lebendigen Geist verlassener Kulturgüter ableiern und dem Touristen das schöne Gefühl geben, wie herrlich weit man es doch gebracht hat.

Dagegen bringt Aschenbach energisch die eigentliche Pointe dieses Ichs, nämlich das *reine*, nur sich selbst bewegende Ich in Stellung: ... *zu beschäftigt mit den Aufgaben, welche sein Ich und die europäische Seele ihm stellten, zu belastet von der Verpflichtung zur Produktion, der Zerstreuung zu abgeneigt, um zum Liebhaber der bunten Außenwelt zu taugen* ... Wem es um ein *solch* Wesenhaftes zu tun ist, der kann sich nicht *im Ernst* mit dem bunten Flitter der Welt einlassen wollen, in ihm das *Wesen* des Daseins erkennen. Die bunte Vielfalt kann für ein solches Ich immer nur bloße Durchgangsstation sein, eine Ansammlung von Kerben in seinem Colt, *Meilensteine* auf dem Weg des Ichs nach vorn. Es sind dies Stationen, die man absolvieren, beherrschen, aushaken muss, denen als solchen aber keine wirkliche und originäre Bedeutsamkeit zukommen kann, an denen man nicht festkleben darf, sondern von denen man sich sofort wieder distanzieren muss, um weiterzugehen. Dies ist der *andere* Sinn des Roadmovies, wo denn der nette Pluralismus und die bunte *Diversity* zum bloßen Mittel des Fortkommens des einen, reinen Wesens herabsinken. Der Autor lässt dies seinen Protagonisten auch in völliger Klarheit aussprechen, wenn Aschenbach sich *durchaus mit der*

Anschauung begnügt, die heute jedermann, ohne sich weit aus seinem Kreise zu rühren, von der Oberfläche der Erde gewinnen kann. Man ist versucht zu glauben, Thomas Mann hätte bereits die Möglichkeiten der Internetkommunikation gekannt.

Und Aschenbach weiß überdies noch, dass dieses Interesse an der bunten Außenwelt mit zunehmendem Alter, also Reife, Konsequenz der Entfaltung, immer mehr abnimmt; je näher Aschenbach jenem Punkt kommt, wo *er das Seine getan und völlig sich selbst gegeben* hat, desto gleichgültiger wird das äußere Dasein. Je erfolgreicher, konsequenter, selbstischer das Ich wird, desto reiner wird es auch, desto mehr distanziert es die Natur von sich. Wer am Vielheitlich-Bunten hängen bleibt, der ist eben zurückgeblieben, rückständig, ein ewig Gestriger gar; und das möchte dieses Ich am allerwenigsten hören. Es interessiert sich schließlich dafür so wenig, wie der Herr für das Gesindehaus: nur so weit gerade, als es *Mittel* zum Zweck in Betracht kommt. Es entspricht dies dem Weg vom Handwerk über die Industrie zur Dienstleistung, schließlich vom reinen Management zur Börse, wo man an den Dingen, mit denen man per Mausklick jongliert, nur ein sehr momentanes, verschwindendes Interesse hat und durchaus nicht nötig hat, die eigene Welt - den (bereits antiquierten) Börsensaal oder das eigene Ich - zu verlassen. Hier ist es noch *die schöne Stadt, die ihm zur Heimat geworden.* Das Wort *Heimat* ist hier mit einer Prise Ironie zu lesen. Natürlich kann die *Stadt*, der Schmelztiegel, in dem die bunte Außenwelt zum Multikulti herabgesetzt ist, eigentlich niemals *Heimat* sein, die ja letztlich ohne eine gewisse natürliche Besonderheit nicht zu denken ist. Ohne den (ernst genommenen!) *Lokalkolorit* (Trachten, Speisen, Feste, etc.) kann diese Heimat eigentlich nur noch das reine (aller Örtlichkeit gegenüber gleichgültige) Beisichsein meinen, eben die reine Übereinstimmung mit sich, also das Ich selbst: In diesem Sinne ist das Ich in der Stadt immer bei sich, in seiner Heimat, gerade *weil* es dort die bodenständige Heimat, die wirkliche Verbundenheit mit etwas Besonderem oder Individuellem, nicht gibt. Es ist interessant zu sehen, wie der Autor hier einen sehr abstrakten, zeitlosen Inhalt in ein altertümelndes Sprachgewand kleidet; wie er den so schwer zu fassenden Inhalt im Bodenständig-Handfesten spiegelt, ihn metaphorisch gewissermaßen umschleicht oder umspricht. Auch unsere begriffliche Rekonstruktion lebt noch voll und ganz vom Bezug auf diese Bilder.

Für das abstrakte Ich kann die Reiselust denn in letzter Konsequenz immer nur müßige *Weltenbummelei* sein, kann das Vielheitlich-Bunte niemals einen Wert in sich tragen; es wird zur Idiosynkrasie, zur mangelnden Flexibilität. Diese Seite, das Naturerbe des Menschen, muss also streng *diszipliniert* werden, so wie Aschenbach es denn auch schon immer getan hatte, durch *von jung auf geübte Selbstzucht* (wieder bäuerlich-handfest ausgedrückt!) *gemäßigt und richtiggestellt.* Auch hier kann man bei genauem Hinsehen in der bodenständig-seriösen Rede schon den *Abgrund* erblicken, über dem Aschenbach wandelt, denn das *Maß* ist eine Seins- oder Naturkategorie, keine der Reflexion: Eine *Mäßigung*, die um des Maßlosen (des reinen Ichs) willen, zu dessen Steigerung, geübt wird, die ist *keine*, die ist das *Gegenteil* davon.

Konsequenterweise bliebe Aschenbach also zu Hause, bei sich, bei seiner rastlosen Arbeit. Freilich lässt sich dieses Andere nicht so einfach vom Tisch wischen, und so beginnt die strenge Sicht der Dinge ihm wieder zu entgleiten. Er spürt den Abgrund oder Widerspruch in sich, der ihn forttreibt, der ihn *fliehen* heißt: *Fluchtdrang war sie, dass er es sich eingestand, diese Sehnsucht ins Ferne und Neue, diese Begierde nach Befreiung, Entbürdung und Vergessen, - der Drang hinweg vom Werke, von der Alltagsstätte eines starren, kalten und leidenschaftlichen Dienstes.* Das Ich, die selbstbewusste Freiheit, hat den seltsamen Drang, sich vergessen, sich *von sich* befreien zu wollen. Diese reine Selbstbewegung wird von Aschenbach selbst als starr und kalt empfunden, ja womöglich sogar als *tot.* Es ist nicht eine äußerliche Unpässlichkeit, wie er sich selbst gern glauben machen würde, sondern es ist dies der tragische Gegensatz, eine veritable Aporie in der Sache, was auch durch die Zusammenstellung von *starr* und *kalt* mit *leidenschaftlich* angedeutet wird.

Aschenbach lässt auch keineswegs die eine Seite einfach fahren: *Zwar liebte er ihn und liebte auch fast schon den entnervenden, sich täglich erneuernden Kampf zwischen seinem zähen und stolzen, so oft erprobten Willen und dieser wachsenden Müdigkeit.* Das Ich ist ja gerade nichts anderes als diese rastlose Negation des Negativen, seines Negativen, eben von Ruhe, Starrheit, Müdigkeit, Faulheit; dass es mit *Widerständen* jeglicher Art und Natur zu tun hat, ist ihm nichts Fremdes, sondern sein ureigenes Wesen. Dieser *Kampf* ist letztlich selbst das Eigentliche, der *Weg*, das *Laufen* selbst das Ziel, also das, worauf Aschenbach seinen Stolz gründet. Mit dem Erfolg scheint aber gerade auch diese Müdigkeit, dieser Widerstand der trägen Materie, dieses Starre und Kalte, stetig zu wachsen; es bedarf immer mehr der Leidenschaft für immer kleiner werdende Fortschritte. Thomas Mann ist wohlgemerkt kein Physiologe, Psychologe oder gar Physiker, der über naturgegeben-zufällige, *objektive* Zusammenhänge dozierte und nach der Art der Persönlichkeitstrainer Ratschläge zur Optimierung der Effizienz des Subjekts suchen wollte. Es geht vielmehr um das Subjekt-Objekt-Verhältnis, und da gilt: Je reiner das Ich wird, weniger darf es sich die Mühe anmerken lassen, die sein Sieg gekostet hat, jene Müdigkeit, *von der niemand wissen und die das Produkt* (letztlich das Ich selbst) *auf keine Weise, durch kein Anzeichen des Versagens und der Lassheit verraten durfte.* Der Weg, die Weise der Produktion, muss dem Produkt entsprechen, aller Gegensatz in reine Identität aufgelöst werden. Denn im Ich sind die Produktion (der *Akt*) und das Produkt (das *Resultat*) identisch; wo nicht, da ist es mit dem Ich nicht weit her.

Aschenbach ist jedoch noch weit entfernt davon, den Widerspruch als einen tragischen, also wesenhaften, in den Blick zu bekommen. Er unternimmt einen weiteren Versuch, seine Sache ins Vernünftige einzuhegen, und zwar - wie schon angedeutet - mithilfe der Kategorie des *Maßes*. Er will den eben angedeuteten Anspruch dieses reinen produktiven Ichs *begrenzen*, es nicht sich zur *Maßlosigkeit* aufblähen lassen: *Aber verständig schien es, den Bogen nicht zu überspannen und ein so lebhaft ausbrechendes Bedürfnis nicht eigensinnig zu ersticken.* Es soll ein gewisses maßvolles

Verhältnis von Ich und Nicht-Ich, von rastlos-angespannter Produktivität und entspannter Muße, von Tun und Gewährenlassen, gewahrt bleiben. Der Bruch dieses - naturgegebenen - Verhältnisses, also die *Maßlosigkeit*, wird als bloßer *Eigensinn*, d. h. als zufällige Partikularität gedeutet, von der man sich als souveränes Ich natürlich befreien können muss.

Diese Maßlosigkeit des Ichs wird jetzt im Text als *eine durch nichts mehr zu befriedigende Ungenügsamkeit* angesprochen. Die Maschinerie, die am Ende ihres *Lifecycles* angekommen ist, mag matt und für ihre Zwecke *ungenügend* sein, aber sie ist niemals *ungenügsam*; dies ist nur das Ich. Auch hier thematisiert der Autor wieder durch eine altertümelnde und umständliche Sprache hindurch ganz moderne Probleme oder das Problem der Moderne schlechthin, lange bevor die Sache überhaupt ihren klassischen Ausdruck gefunden hat: *I can get no satisfaction* oder *Stay hungry!* Die Vokabel *Ungenügsamkeit* ist ja im Deutschen äußerst ungebräuchlich; der Ausdruck lebt allein von seinem *Gegenteil*, nämlich der *Genügsamkeit*, die sprachlich wie auch inhaltlich dem modernen Empfinden als etwas durch und durch Veraltetes erscheint: *Genug ist nie genug, genug kann nie genügen!* (K. Wecker) Aschenbach spricht in einer bodenständig-konservativen Sprache über eine Haltung, die schlechthin das Gegenteil davon ist: modern, maßlos, vorwärtsstrebend, erfolgsorientiert.

Aber auch mit diesem Ansatz scheitert Aschenbach, denn die Maßlosigkeit ist dem kreativ-produktiven Ich eben nicht so einfach auszutreiben, sie ist ihm, d. h. seinem Wesen, seinem spezifischen *Talent*, vielmehr unabdingbar: *Ungenügsamkeit freilich hatte schon dem Jüngling als Wesen und innerste Natur des Talentes gegolten, und um ihretwillen hatte er das Gefühl gezügelt und erkältet, weil er wusste, dass es geneigt ist, sich mit einem fröhlichen Ungefähr und mit einer halben Vollkommenheit zu begnügen.* Wer nicht diese Maßlosigkeit besitzt, über alle Bindung an Partikulares hinauszusteigen, wird nie jene schwebende Freiheit der Kunst erreichen, die mitten im Natürlich-Sinnlichen-Anschaulichen, also im Partikularen und Vergänglichen, beim Allgemeinen, Göttlichen, Ewigen ist. Er wird immer nur ein Provinzler bleiben und es bestenfalls zum Heimatdichter bringen, der das Volk mit ein paar lustigen Versen, einem *fröhlichen Ungefähr* unterhält; so wie es ja auch die belebte und unbelebte *Natur* als *Werk* und *Abbild* des Ewigen verstanden nur zu einem unscharfen, geistlosen *Ungefähr* bringt.

Aschenbach kann also *die geknechtete Empfindung* (die per definitionem am Farbig-Partikularen hängt) durchaus nicht einfach in Freiheit entlassen oder ihr eine maßvoll-ebenbürtige Rolle zugestehen. Das ist mit der inneren Dynamik von Selbstbestimmung und Allgemeinheit, der Freiheit von der Bindung ans Partikulare, an der auch die Kunst (wenigstens als Aspekt) nicht vorbeikommt, ganz unvereinbar. Das meisterlich-herrschaftliche Verhältnis, das daraus zwingend zu resultieren scheint, geht daher offenbar auf Kosten der Empfindung und des Partikularen, die in die Gesindestube verwiesen werden müssen. Dafür aber rächt sich die Empfindung dadurch, dass dieser falschen Einheit von herrischem Ich und Sinnlichkeit nunmehr die *Seele*, das *Feuer*, der sinnliche *Genuss*, das *Leben*, das organisch-freie Wechselspiel der Momente fehlt: *Es schien ihm, als ermangle sein Werk jener Merkmale feurig spielender Laune, die, ein Erzeugnis der Freude, mehr als irgend ein innerer Gehalt, ein gewichtigerer Vorzug, die Freude der genießenden Welt bildeten.*

Aschenbach findet mithin keine Lösung im Rahmen seiner angestammten Voraussetzungen; er steht vor einer Aporie, vor einer ausweglosen Situation: Er *fürchtete sich vor den vertrauten Angesichten der Berggipfel und -wände, die wiederum seine unzufriedene Langsamkeit umstehen würden.* Sein Ich und die Berggipfel, die sinnliche Natur, an der er doch so hängt, kommen so nicht zusammen. So muss er denn diese Welt verlassen, sich eine neue suchen: *Reisen also, - er war es zufrieden.* Freilich ist die alte Welt deshalb noch lange nicht verschwunden und vergessen, durch eine schlechthin neue zu ersetzen: *nicht gar weit, nicht gerade bis zu den Tigern.* Er hat das Orakel vernommen, den dunklen, rätselhaften Vorschein der Wahrheit, sein *Daimonion*, das Gewissen, die Stimme seines Unbewussten, wenn man es psychologisieren wollte. Er folgt ihm ein Stück weit, zur *Hälfte* hält er die Mahnung auch durchaus für berechtigt; so wie ja auch Macbeth dem Orakel der Hexen anfangs nur zögernd und bitweise folgt. Zur anderen *Hälfte* aber sucht er sein bisheriges, unmittelbares Selbst zu *erhalten*, zu Hause, bei sich zu bleiben, sich nicht gänzlich in die Fremde zu begeben: *Unproduktivität um der Produktivität willen*, ja - aber auf mehr mag er sich nicht einlassen; oder in den Worten des Dichters: *Und so tat denn eine Einschaltung not, etwas Stegreifdasein, Tagdieberei, Fernluft und Zufuhr neuen Blutes, damit der Sommer erträglich und ergiebig werde.* Der Techniker des Lebens baut ein entschleunigendes Modul ein, um nicht die Leistungsfähigkeit des ganzen Systems zu gefährden. Etwas südliches *dolce vita* um nordischer *Effizienz* willen, *Diversity* als Mittel des *einen* Zwecks, darum geht es, keinesfalls um den Sinnestaumel oder die Muse *an sich*.

Aschenbach nimmt so die klassisch zwiespältige Haltung dem Orakel gegenüber ein, die dem tragischen Helden eigen ist: Er sucht dem Verdikt zu entgehen, d. h., er nimmt es *einerseits* ernst, als reale Bedrohung, als objektives Verhängnis, zum *andern* aber auch nicht, nämlich als etwas durch menschliche Freiheit zu Veränderndes, nicht als ein unumstößliches Gesetz, als ein subjektfreies Objektives. So muss er ein Zugeständnis machen, die Reise antreten; aber ein Zugeständnis, das nur der Wiederherstellung des ursprünglichen produktiven Selbst dienen soll; so wie im *Ödipus*drama der Mensch (Ödipus' Vater *Laios*) sich genötigt sieht, Maßnahmen zu ergreifen, um das Eintreten des Orakels zu verhindern. Der tragische Held steht also mitten zwischen der fatalistischen *Hinnahme* des objektiven Verhängnisses - gegen das keine Tat etwas ausrichten könnte -, und dem Glauben an die völlige *Irrelevanz* dieses Objektiven oder dem Glauben an die Allmacht des Subjekts, - die mithin jede *Tat* überflüssig machen würde. Diese *formelle* Stellung des tragischen Helden zum Orakel hinsichtlich seiner *Handlungsmöglichkeiten* spiegelt sich dann auch in dessen *Inhalt* wieder: Denn eben diese zwiespältige, janusköpfige Stellung des Menschen (oder des Seins überhaupt) zwischen stolzem Hochmut und morbider Schwäche hatte das Orakel als Bild ja selbst verkündet, nur eben *inhaltlich* gewendet, als ein statisches und sichtbares *Dasein*, dessen Momente als Teile gleichzeitig existieren, aufgefasst.

Indem nun allerdings die subjektive Produktivität, das Meister-Ich, der *Zweck* ist, und die Negation das bloße *Mittel*, ist es freilich eine schiefe Einheit von Subjektivem und Objektivem, eine die eine stark subjektive Schlagseite hat und das Recht des Objektiven verletzt; eine Pseudo-Einheit, mit der Aschenbach sich nur in die Tasche lügt. Aber wie gesagt, das Recht des Subjektiven ist sehr wohl im Orakel selbst enthalten, so wie ja auch Macbeth die Hexen durchaus richtig versteht, wenn er aus ihrem Spruch seine Königswürde heraushört und in diesem Verständnis durch den Fortgang der Handlung denn auch bestätigt wird. Der Mensch, die Subjektivität ist wohl die Krone der Schöpfung, ganz allgemein gesprochen, aber eben *nicht nur*, - und dieses andere hat das Orakel durchaus auch erwähnt. Die tragische Wahrheit, die subjekt-objektive Wahrheit, vollzieht sich aber *nur* durch das Zutun des Menschen, durch sein subjektives Tun und Eingreifen, durch sein aktives *Negieren* des Objektiven *hindurch*, das dann freilich auch wieder als einseitig zurückgenommen, negiert, werden muss: nun aber nicht mehr *nur* aktiv, aus eigenem, subjektivem Entschluss, sondern aktiv-passiv, handelnd-leidend.

Das erste Kapitel enthielt das Orakel und seine Reflexion ganz *in abstracto*, ohne jeden Handlungsaspekt, ohne eine Wendung nach außen, in die wirkliche Welt. Am Ende, als Aschenbach aus seinen Reflexionen also in den Alltag zurückkehrt, als er in die Straßenbahn steigt und sich noch einmal umblickt, ist das Orakel, das ihn aus dem regelmäßigen, verständigen Ablauf der Dinge herausgerissen hatte, verschwunden. So vermittlungslos das Orakel aus dem Verständigen aufgetaucht war, so musste es auch wieder darin verschwinden.

Zweites Kapitel

Wir haben bisher den tragischen Konflikt - oder besser: die tragische Einheit zweier sich ausschließender Motive - in zweierlei Weisen kennengelernt: einmal gegenständlich, konkret, aber gänzlich unverständlich, ein schreiender, aber ganz konfuser Gegensatz, in der Gestalt des alten Mannes, als *Orakel*; dann zweitens abstrakt, gedanklich, aber doch als eher harmlos daherkommenden Gegensatz von Arbeit und Urlaubsreise. Wer hätte noch nicht in einer Kaffeepause die eine oder andere Bemerkung darüber fallen gelassen? Bei oberflächlicher Lektüre sieht man noch nicht einmal, dass darin der tragische Gegensatz bereits am Werk ist; es scheint sich ja nur um eine banale Erörterung, ob man nun in Urlaub fahren soll oder nicht, zu handeln. *Visconti* hat das alles, auch noch das folgende Kapitel, für komplett entbehrlich gehalten und aus seiner Verfilmung gestrichen.

Dieses zweite Kapitel bringt nun die beiden Seiten - äußere Handlung und abstraktes Problem - näher zusammen. Das scheinbar harmlose Plätschern wird konkretisiert, etwas näher an wirkliche Handlung und individuelle Gestalt herangerückt, aber nur erst *biografisch*, in der Form einer Rückschau des Erzählers auf das bisherige Leben Aschenbachs, vor allem auf seine geistige Entwicklung. Dadurch gewinnt der Gegensatz sowohl an Schärfe, wie auch an Tiefe, indem er sich ins Kunst- und Erkenntnistheoretische weitet, ohne deshalb so gänzlich rätselhaft und willkürlich zu werden, wie dies bei der bloß orakelhaften Konkretion der Fall war.

Die disziplinierte Meisterschaft, die Reife und Souveränität, die wir im ersten Kapitel vor allem im Zusammenhang mit dem vorgerückten Lebensalter des Helden kennengelernt hatten, wird nun ausgedehnt zu Aschenbachs spezifischem Charakter, als eine Bestimmung, die ihn überhaupt, seine Vorfahren, vielleicht das ganze Abendland eingeschlossen, im Verhältnis zum Rest der Welt charakterisiert. Allerdings wird auch hier noch daran festgehalten, dass im Verhältnis der verschiedenen Lebensalter es das *Alter*, die *Spätzeit* ist, das dieser Disziplin und Meisterschaft am nächsten steht, während sie für die Jugend etwas Unnatürliches hat: *Er wünschte sehnlichst alt zu werden* ... Auch er gehört zu jenen Frühreifen, die wie *Hagen* in der *Götterdämmerung* im Grunde nie jung gewesen sind. Es geht um ein *straffes, anständig karges Leben* im Dienste einer *leitend-tätigen Tugend.* Um *Disziplin*, *Fokussierung*, *Commitment* ist ihm zu tun, also um etwas ganz Modernes. Thomas Mann verpackt es allerdings wieder ins Altertümliche, indem er wieder von *Zucht* redet, wo deren Selbstbezüglichkeit (als Selbstdisziplin, Selbstmanagement) nicht so im Vordergrund steht und überhaupt der Sache einen naturalistischen Anstrich gibt. Überall scheinen die Grundbegriffe einer umstandslos *hierarchisch* verstandenen *Ordnung* durch, die *so vielerlei Menschenschicksal im Schatten einer Idee* versammelt. Dass das *Vielerlei* hier in Wahrheit im *Schatten* steht, wird wieder ganz dezent-ironisch angedeutet: Der Satz kehrt seinen unmittelbaren Sinn auf der Hälfte des Weges um. Von Kindesbeinen an war Aschenbach ganz *auf Leistung verpflichtet*, hatte *niemals den Müßiggang, niemals die Fahrlässigkeit der Jugend gekannt.* Was oben noch recht harmlos sich ausgenommen hatte, wird jetzt explizit beim Namen genannt: Ein ausgesprochenes *Leistungsethos* ist es, was Thomas Mann uns hier präsentiert.

Aber natürlich spielt auch die Gegenseite eine Rolle, schließlich soll Aschenbach ja ein *Künstler* sein; ein solcher kann über der reinen Selbstbewegung des Ichs auf eine gewisse Sinnlichkeit nicht ganz verzichten. Dafür ist die weibliche Seite zuständig, die der Familie *rascheres* (meint wohl auch: undisziplinierteres), *sinnlicheres* (auch musikalischeres) *Blut* zugeführt, ja sogar *Merkmale fremder* (südlicher) *Rasse in seinem Äußeren* eingestreut hatte. Auch die *Religion* wird in Gestalt eines *Predigers* auf dieser Seite verortet, seine schwache Konstitution verweist auf die untergeordnete Körperlichkeit. Und noch ein Element taucht, etwas überraschend, auf dieser Seite auf: die *Erkenntnis.* Diese wird hier durchgehend als *Skepsis*, als *Kritik*, als *Reflexion* der *naiv* aufgefassten Realität, des scheinbar Selbstverständlichen, Zweifellosen, Gegenständlichen in das Ich, seine unbestimmte Innerlichkeit (*Sentimentalität*) und deren Willkür verstanden.

Aschenbachs Künstlertum gibt sich denn als *Vermählung dienstlich nüchterner Gewissenhaftigkeit mit dunkleren, feurigeren Impulsen*; auch inhaltlich wird eine solche Einheit nahegelegt, wenn etwa Aschenbachs Schrift über *Geist* (also die skeptische Erkenntnis) *und Kunst* neben *Schillers* Schrift über *naive und sentimentalische Dichtung* gestellt wird: Wie Schiller scheint Aschenbach sich das Programm einer Einheit des Naiven und des Sentimentalischen (die bei Schiller auch Altertum und Moderne repräsentieren), des Anmutigen und des Würdigen, von Skepsis und künstlerischer Darstellung, von *antithetischer Beredsamkeit* (die ja als *Aporetik* eine alte skeptische Tugend ist, bis hin zu Kants *Antinomik*) und *ordnender Kraft* (deduktiv-dogmatisch aus einem obersten Prinzip) zu eigen gemacht zu haben. Auch das Populäre (das unterhaltungssüchtige *breite Publikum*) und das Anspruchsvolle (die intellektuellen *Wählerischen*) weiß er ja gleichermaßen anzusprechen.

Hier ist der Ort, sich der viel diskutierten Frage zu erinnern, nach welchem *Vorbild* Aschenbach denn von Thomas Mann gestaltet wurde; gewöhnlich werden dabei ja die einschlägigen deutschen Geistesgrößen, also neben dem explizit erwähnten Schiller vor allem Goethe, Wagner und natürlich der Autor selbst, genannt. In der Viscontiverfilmung, wo Gustav von Aschenbach ein Musiker ist, wird unübersehbar auf *Gustav Mahler* angespielt; vielleicht war der Vorname von Thomas Mann auch in diesem Sinne gewählt worden. Beethoven passt natürlich auch. Allerdings sollte man die Frage nicht bloß an einigen Ähnlichkeiten festmachen, die sich, wie etwa das Meisterliche aller dieser Figuren oder ein gewisses, oft übertriebenes Selbstbewusstsein, das sie alle ihr eigen nannten, nicht von der Hand weisen lassen. Entscheidend dafür muss letztlich die Frage sein, ob Aschenbachs Künstlertum wirklich als jene *Vermählung*, als die sie sich ausgibt, verstanden werden kann, die man in der Tat als Intention Schillers bis Thomas Manns betrachten kann, die bei diesen Denkern auch immer einen tragischen Aspekt hat. Das kann aber schon aus formellen Gründen nicht sein: Diese geistige Einheit ergibt sich ja erst durch die Tragödie, die sich *an* Aschenbach vollzieht, durch die Auflösung dessen einseitig-subjektiver Haltung. Als Figur in der Tragödie selbst kann er aber diese Einheit nicht selbst von Anfang an verkörpern, sondern nur ihr Gegenteil, die Einseitigkeit, die freilich orakelhaft die andere Seite an sich trägt und sich in gewisser Weise an ihm vollzieht. Aschenbach muss so erst den Weg der tragischen Erfahrung gehen, um jene andere Seite adäquat zu Gesicht zu bekommen. Der Meister Thomas Mann aber *weiß* - wie explizit auch immer - um diese tragische Einheit, der Meister Aschenbach hat sie eben nur unterbelichtet *an sich* und *erfährt* sie als sein Schicksal.

Der wahrhafte Sinn solcher Vermählung wird uns denn hier im *Tod in Venedig* erzählt werden; von der Negativität, die in solcher *Einheit*, wie auch in aller *Schönheit* liegt, weiß Aschenbach zunächst gerade nichts, wie wir gesehen haben; oder jedenfalls glaubt er, diesen Aspekt der Negativität souverän *gemeistert* zu haben. Bei ihm ergeben sich daher auch viel zu viele falsche Töne, als dass man ihm die wahrhafte Vermählung von Gedanke und Sinnlichkeit einfach abnehmen dürfte. Schon die pompöse Lebensbeschreibung *Friedrichs des Großen*, als *Heldenepos* (später ist von Friedrichs *Heldenleben* die Rede) gestaltet, deutet eine schlichte und einseitige Absage an alles Skeptische, Tragische, Zweifelhafte an, im Sinne einer Selbstaffirmation, die solches unter und hinter sich lässt. Mag Friedrichs Leben wohl auch tragische Momente gehabt haben, so steht der Preußenkönig nicht dafür, sondern für deren Überwindung, für disziplinierte Tüchtigkeit, die am Ende, auch nach ihrem Selbstverständnis, von Tragik nichts mehr wissen mag, sondern nur noch von den *challenges* spricht, die man gemeistert hat. Weiter, die Behauptung der *Möglichkeit sittlicher Entschlossenheit jenseits der tiefsten Erkenntnis* (also Skepsis) erhebt ja gerade den Anspruch, über solche Skepsis *hinaus* zu sein, wie sie denn ja auch durch den Titel des Werks schlicht als *elend* abgetan wird. Dass durch die Negativität, durch Tragik, etwas Sittliches erkannt oder bewirkt werde, ist hier gänzlich ausgeschlossen: Aschenbach könnte den *Tod in Venedig* durchaus *nicht* schreiben. Um das *Durchhalten* dieses königlichen Ichs und der von ihm gestifteten Ordnung ist es Aschenbach zu tun, über alle Widerstände hinweg; um das *suum esse conservare* jenseits und unbefleckt von aller Ankränkelung und Schwäche.

Das Ungleichgewicht betrifft so auch das Verhältnis von *alt* und *jung*, das im Folgenden ja noch so bedeutsam werden wird. Aschenbach will *auf allen Stufen des Menschlichen charakteristisch fruchtbar sein,* also sowohl in der durch *Fahrlässigkeit* (die man auch Naivität oder Freiheit nennen kann) charakterisierten Jugend, wie auf der Stufe der abgeklärten Meisterschaft des Alters. Aber er bietet uns doch immer nur die Letztere, wenn auch diese von Jugend auf; sie allein ist das, was sich *durchhält.* Statt des Großen und Umfassenden wird uns nur eine Hälfte, eine Abstraktion geboten. Natürlich ist Aschenbachs Kunst denn auch keine der genialischen Intuition, keine der lebendig-seelenhaften Ganzheit, gar der naturbelassenen Unschuld: Letztere Schönheit wird uns in *Tadzio* begegnen; als natürliches *Talent* oder *Gabe* ist diese ja auch nur der wirklichen Jugend möglich. Es ist vielmehr eine Kunst, die auf der klugen, kompetenten, disziplinierten - eben meisterhaften - Anordnung von vielen Details beruht, in genauer Kenntnis von deren jeweiligem Effekt, *in kleinen Tagewerken aus hundert Einzelinspirationen zur Größe emporgeschichtet*[3]*:* ein Verfahren, das ein Maximum an *Willensdauer und Zähigkeit* erfordert, um das disparate Mannigfaltige in die Einheit *eines und desselben Werkes* zu zwingen. Das zusammenstimmende Ganze, was sich der natürlichen Grazie *genialisch-intuitiv*, also mühelos und von selbst gegeben ist, muss hier durch disziplinierte Arbeit *hergestellt* werden, im *diskursiven* Durchgang durch die Einzelaspekte.

---

[3]Das erinnert an Descartes' Methode der Zerlegung (Analyse) des komplexen Ganzen in einfache Teile und der mechanischen Zusammensetzung (Synthese) des Ganzen aus diesen.

Thomas Mann fügt an dieser Stelle eine Passage ein, die deutlich macht, dass hier durchaus nicht nur von einem etwas wunderlichen und überspannten Künstler die Rede ist, sondern von dessen ganzer Zeit. Denn die Kunst Aschenbachs korrespondiert den Grundüberzeugungen seiner *Heimatprovinz*, ferner *dem allgemeinen Schicksal des mitlebenden Geschlechtes*, noch ferner also der modernen Zeit überhaupt; sie ist nichts anders als deren Resonanz, das sympathische Mitschwingen des einen mit dem anderen: Nur so, als ein wechselseitiges Sichaufschaukeln, ist Erfolg ja überhaupt möglich: *Gustav Aschenbach war der Dichter all derer, die am Rande der Erschöpfung arbeiten, der Überbürdeten, schon Aufgeriebenen, sich noch Aufrechthaltenden, all dieser Moralisten der Leistung, ... Ihrer sind viele, sie sind die Helden des Zeitalters. Und sie alle erkannten sich wieder in seinem Werk, sie fanden sich bestätigt, erhoben, besungen darin, sie wussten ihm Dank, sie verkündeten seinen Namen.* Seine Exzentrizität besteht nur in der größeren Konsequenz und Ausdrücklichkeit, mit der jene *Moral* lebt und den etwas weniger Stilsicheren vorlebt.

Aschenbachs Leistungs- und Willensethos wird dann noch mehr in die zeit- und kulturgeschichtliche Breite getrieben. Zunächst wäre da das Verhältnis zum *Stoizismus* zu nennen, also jener das mittlere und späte Rom dominierenden Geisteshaltung. Denn stoisch ist es, wenn es von Aschenbachs *Heldentypus* heißt, *dass er die Konzeption «einer intellektuellen und jünglinghaften Männlichkeit» sei, «die in stolzer Scham die Zähne aufeinanderbeißt und ruhig dasteht, während ihr die Schwerter und Speere durch den Leib gehen».* Das Übel ist *nichts* Wirkliches, es gibt es im Grunde *gar nicht*, war die Hauptthese der Stoiker gewesen: Der *Weise* lässt sich dadurch in keiner Weise irritieren. Im Sinne *jugendlicher* Heißsporne ist solche Männlichkeit nun allerdings eher weniger, da man in der Jugend ja noch viel mehr mit seinem Körper verwoben ist; es ist dies schon eher die Auffassung von *Greisen*, wie etwa die der alt gewordenen Antike. Thomas Mann spielt hier wieder ironisch mit einer Schein-Einheit.

Freilich ist es problematisch, Aschenbach nun einfach auf den alten Stoizismus festzulegen: *Das war schön, geistreich und exakt, trotz seiner scheinbar allzu passivischen Prägung.* In der Tat, der alte Stoizismus hatte sein würdevolles Ich noch eher statisch gedacht; von einem Dynamismus des Sich-Selbst-Machens, von einem *täglich neu Erobern* (Faust) solcher Würde, war da nichts zu spüren. Man muss freilich nur den stoischen Standpunkt etwas genauer bedenken, um zu sehen, dass der Aktivismus darin bereits unterbelichtet enthalten ist: *Denn Haltung im Schicksal, Anmut in der Qual bedeutet nicht nur ein Dulden; sie ist eine aktive Leistung, ein positiver Triumph.* Diese Haltung ist nämlich auf eine Welt bezogen, die selbst nicht statisch und unbewegt ist, sondern eine stete Herausforderung, wie Faust weiß: *Da herrschet Well' auf Welle kraftbegeistet* ... Dieser hat das Ich so wie die Faustgestalt des letzten Aktes sich zu stellen, um seine Freiheit und Würde zu wahren, eben in durch stete Tätigkeit. - Auch systematisch waren ja die Stoiker bereits weit entfernt von den weltabgewandten Mystikern des Ostens. Sie fanden sich vielmehr in bestem Einverständnis mit den herrschenden römischen Schichten von *Scipio Africanus* über Neros Kanzler *Seneca* bis hin zu Kaiser *Marc Aurel*, die ja alles andere als passivistisch oder quietistisch orientiert waren. Zieht man diesen verborgenen Aktivismus ans Tageslicht, dann kann man den römischen Stoizismus als Vorläufer moderner Denkweisen erkennen.

Eine Schwierigkeit für das Verständnis der Geistesgeschichte bildete von jeher das Verhältnis des Stoizismus zum Christentum, die sich ja zeitlich nicht allzu fern liegen; oft genug scheint auch das Christentum durchaus unbefangen mit stoischen Bildern zu operieren, etwa in der Bergpredigt, wiewohl Christentum und Rom ursprünglich einander äußerst feindlich gesinnt waren. Aschenbachs Künstlertum wird nun auf dem Weg über die Stoa in Richtung des Christentums expandiert und somit mit diesem in eine vorgebliche Übereinstimmung gebracht: *Die Sebastian-Gestalt ist das schönste Sinnbild, wenn nicht der Kunst überhaupt, so doch gewiss der in Rede stehenden Kunst* (also Aschenbachs). Aber auch hier stellt sich die Frage, ob der Dichter uns da nicht einen vergifteten Apfel reicht. Der christliche Märtyrer, ein *Opfer* der römischen Verfolgung, wird zum Symbol einer Kunst, die unübersehbar stoische Züge trägt! *Die bleiche Ohnmacht, welche aus den glühenden Tiefen des Geistes die Kraft holt, ein ganzes übermütiges Volk zu Füßen des Kreuzes, zu ihren Füßen niederzuwerfen ...: Betrachtete man all dies Schicksal und wie viel Gleichartiges noch, so konnte man zweifeln, ob es überhaupt einen anderen Heroismus gäbe, als denjenigen der Schwäche. Welches Heldentum aber jedenfalls wäre zeitgemäßer als dieses?* Aber ist solches *Niederwerfen* des Starken, Übermütigen zu Füßen der Ohnmacht christlich gedacht? Zweifellos, wenn es nach *Nietzsche* geht, der in dieser listigen Herrschaft der Schwachen über die natürlich Starken ja den gemeinsamen Nenner von Christentum und Moderne ausmacht. Ist das Christentum ein *Heroismus der Schwäche*? Ist es schlicht *David gegen Goliath*? Der reine Gedanke, gefangen in einem widerspenstigen Kerker, in *gelber, sinnlich benachteiligte Hässlichkeit, die es vermag, ihre schwelende Brunst* (also ihr Inneres) *zur reinen Flamme* (zur rein geistigen Selbstbewegung) *zu entfachen,* und mit dieser geistigen Überlegenheit *sich zur Herrschaft aufzuschwingen,* sei es nun *im Reiche der Schönheit* oder überhaupt? Thomas Mann zeigt hier meisterhaft, wie problemlos man christliche, stoische und moderne Motive mischen und dabei doch nur leere Erbaulichkeit produzieren kann. Die Negativität, die ja im Sinn des Kreuzes liegt, kommt hier nicht zu ihrem Recht, sondern wird zur bloßen Stufe, über die der Held nach oben zur reinen Positivität steigt. Aschenbach wird im Folgenden erfahren, dass es damit nicht getan ist.

Eine andere Formel für diesen Heroismus der Schwäche ist *die liebenswürdige Haltung im leeren und strengen Dienste der Form*; auch hier haben wir eine Reminiszenz an die stoische *apatheia* (Indifferenz gegenüber dem Leiden). Hier begegnet uns zum ersten Mal der Begriff der *Form*, der bei Thomas Mann überhaupt und auch hier in der Novelle eine große Bedeutung besitzt. *Form* steht dabei im Gegensatz zum *Inhalt*, und dieser wiederum meint das eigentliche Wesentliche, Objektive, das, worum es geht, im Gegensatz zu dem, wie es dem Auge *erscheint*, auf Hochglanzpapier gefällig und einschmeichelnd, dem subjektiven Geschmack entsprechend. Die Form scheint so zunächst das Unwesentliche zu sein, eine bloße Spielerei, bloße *Optik*, ja bloßer *Schein*, und wenn es der Kunst dann nur um den *schönen Schein* geht, um die gefällige Form, dann scheint sie etwas ziemlich Belangloses zu sein. Aber eben um das Wechselverhältnis von Sein und Schein geht es hier offenbar dem Künstler. In der früheren Erzählung *Tonio Kröger* hat Thomas Mann den Gegensatz der Erkenntnis des Inhalts, des *Was*, gegen den spielerischen Ausdruck, das *Wie*, deutlich ausgesprochen: *Aber mehr und mehr versüßte sich ihm auch die Lust am Worte und der Form, der er pflegt zu sagen ..., dass die Kenntnis der Seele* (also der Sache selbst) *allein unfehlbar trübsinnig machen würde, wenn nicht Vergnügungen des Ausdrucks uns wach und munter erhielten ...* Wenige Zeilen später wird dann gar die Form zur *Hauptsache*, also ganz im Gegensatz zu der gängigen Auffassung, wonach die Form egal ist, solange man nur den gemeinten Inhalt irgendwie versteht: *Denn das, was man sagt, darf ja niemals die Hauptsache sein, sondern nur das an und für sich gleichgültige Material, aus dem das ästhetische Gebilde in spielender und gelassener Überlegenheit zusammenzusetzen ist.* Die *Substanz* der Aussage ist so nicht mehr als der Aufhänger für die Relationen (Ausdruck, Anspielung, etc.), hinter denen sich dann freilich eine neue Substanz andeutet: jenes Subjekt, das mit den Formen und Relationen so *überlegen spielt.*

Von daher wird vielleicht auch verständlich, warum hier in der Novelle der *Dienst* an der *Form*, etwas Leeres und Strenges, zu sein scheint; nämlich ohne substanziellen Gehalt, ein bloßer Dienst am *Nichts* oder am bloßen *Schein*, die *Kunst des gebornen Betrügers.* Die Kunst, das Spiel mit Farbe und Form, fließt so mit der *Mode* zusammen, dem ganz zeitrelativen Gefallenwollen des Subjekts. So findet sich die Nichtigkeit denn auch sowohl aufseiten der *Sache*, des Objekts, als auch auf der des *Künstlers*, des Subjekts, wie denn auch Tonio Kröger *sterbensmüde* ist, *das Menschliche darzustellen, ohne am Menschlichen teilzuhaben*; der *vollkommene Künstler* ist dann zugleich der (substanziell) *verarmte Mensch.* Form und Inhalt oder Relation und Substanz treten in einen ausschließenden Gegensatz. Dort, in der älteren Erzählung, führt dies in einen unendlichen Gegensatz des Künstlers zu den Normalmenschen und ihren arg idealisierten *Wonnen der*

Gewöhnlichkeit; hier, in der Novelle, gleicht der Künstler aber *gerade darin* dem modernen Menschen. Der strenge Dienst am reinen *Wie* - was immer es inhaltlich auch sein mag -, gleicht dem des reinen Ichs, dem reinen Leistungsethos, dem Erfolgsdenken der Manager, die auch schlicht nach Marktgängigkeit fragen, der materiale Inhalt mag sein, welcher er will.

Eben diesen rastlosen Dienst am rein formell bestimmten Erfolg verkündet nun Aschenbach den vielen *Moralisten der Leistung, die, schmächtig von Wuchs und spröde von Mitteln* (also *an sich*, von Natur aus), *durch Willensverzückung und kluge Verwaltung* (effiziente, nachhaltige Technik, Reflexion) *sich wenigstens eine Zeit lang die Wirkungen der Größe abgewinnen. Ihrer sind viele, sie sind die Helden des Zeitalters.* Die Sprache ist zwar wieder ziemlich altertümelnd, aber sollte hier wirklich nur vom finsteren 19. Jahrhundert die Rede sein? Das fast noch mittelalterliche *Lübeck* Tonio Krögers ist hier jedenfalls verschwunden. *Und sie alle erkannten sich wieder in seinem Werk, sie fanden sich bestätigt, erhoben, besungen darin, sie wussten ihm Dank, sie verkündeten seinen Namen.* Sie fanden ihr Selbst bestätigt, erkannten sein Werk als die adäquate Darstellung des ihrigen, und dafür applaudierten sie ihm, bestätigten sie Aschenbachs Selbst, auf dass er wieder das ihre bestätigen und verherrlichen würde. Aschenbach war ein *Star* und sie waren seine *Fans*, ein wechselseitiges Befeuern und Begeistern - fast schon wie im Fußballstadion.

Es sollte deutlich geworden sein, dass von einer glücklichen Vermählung der Elemente des Geistes bei Aschenbach keine Rede sein kann, dass das Schiff vielmehr deutliche Schlagseite hat. Es ist ihm vielmehr ausdrücklich um den *Sieg seiner Moralität*, also dieses dynamischen reinen Ichs, über alle Natur, alles Sein, alles Passive zu tun. Es geht also nicht nur darum, dass er das Gleichgewicht zwischen den zwei Schalen der Waage verletzt, dass er auf einer Skala des *Mehr oder Weniger* (des Quantitativen) das *rechte Maß* verfehlt, was durchaus ein menschlicher Irrtum wäre, ein *unscharfes Sehen* eben. Aber Aschenbachs Haltung entspringt *nicht* einer naiven Parteinahme und falschen Gewichtung; er ist durchaus nicht der naiv-ursprüngliche Epiker, der unbefangen seine Heldenlieder singt, ohne von einer Kritik an solcher Haltung etwas zu wissen. Seine Moralität ist *auch nicht* eine naive Sittlichkeit, eine tradierte Maßregel, die (wie Kreon und Antigone) unbefangen Partei nimmt für den Staat oder die Familie oder was auch immer.

Seine Haltung beruht vielmehr auf der Negation der Negation, auf dem bewussten und reflektierten *Verwerfen des Verworfenen*, ist die entschiedene Absage an das Negative *als* des Negativen; es geht um den *Sieg* des Guten über das Böse, wie man heute ja wieder unumwunden sagt. Dies ist dabei nicht nur *formell* zu verstehen, sondern auch *inhaltlich*, als Prinzip des Inhalts selbst: Der *Sieg* seiner Moralität ist eben der Sieg der Moralität des *Siegens*, des steten Überwindens, der steten Höherentwicklung. Aschenbachs Negation der Negation ist dabei wohlgemerkt jene, die das Negative einfach nur verwirft, es stets verneint; er lässt es durchaus *nicht* zu einem Eigenrecht kommen, zu etwas auf Augenhöhe werden, indem er etwa irgendwie *tragisch-dialektisch* aufhebt, bewahrt, *versöhnt*. Es geht vielmehr um das harte, gnadenlose Ich, das über alles ihm Entgegenstehende Meister geworden ist, und eben dieses Bemeistern des Negativen selbst zum Motor seiner Selbstaffirmation, seiner Verhärtung oder Reflexion in sich selbst macht. Dies und nur dies ist es, was die Furien der verletzten Seite und damit die Tragödie heraufbeschwört.

Um die Radikalität dieser reinen Reflexion zu verstehen, wird jetzt ein Abschnitt über Aschenbachs Jugend eingeflochten, in dem dieser scheinbar *kritischer* war als in seiner späteren wohlsituierten Meisterzeit. Er *war jung und roh gewesen mit der Zeit und ... hatte Missgriffe getan, ... Verstöße gegen Takt und Besonnenheit begangen in Wort und Werk.* Er hatte also die naive, tradierte Welt, auch die Kunst, mit Negation und *Kritik* überzogen. *Aschenbach war problematisch, war unbedingt gewesen wie nur irgendein Jüngling.* Die Jugend ist es eben, die sich an der bestehenden Welt abarbeitet, sie an ihren eigenen Ansprüchen misst, eben etwa dem der Wahrheit und der Gerechtigkeit. Auf diese bezieht sich die *Unbedingtheit,* und gemessen an diesem Anspruch hat Aschenbach die bestehende Welt zu leicht befunden: *Er hatte dem Geiste* (der skeptischen Reflexion) *gefrönt, mit der Erkenntnis Raubbau getrieben, Saatfrucht vermahlen, Geheimnisse preisgegeben* (das Geheimnis, dass der Kaiser nackt ist), *das Talent verdächtigt* (dass nämlich diese genialisch-göttliche Intuition, *der eingeborene natürliche Drang und Stachel*, ein Aberglaube ist wie alles Derartige). Er hatte schlicht den Unterschied von Sein und Schein ernst genommen und dabei leider überall nur Schein gefunden: Er hatte *die Kunst verraten, ... die Zwanzigjährigen durch seine Zynismen über das fragwürdige Wesen der Kunst, des Künstlertums selbst in Atem gehalten.* Und dies alles wohlgemerkt, *- ja, während seine Bildwerke die gläubig Genießenden unterhielten*: Auch seine eigene Kunst war nur ein Schein, bloße Unterhaltungsliteratur, ein bloßer Kitzel der Sinne ohne geistige Substanz, der mit der Kochkunst auf einer Ebene steht, eben jene *lebendige, geistig unverbindliche Greifbarkeit der Gestaltung*, die das *Ergötzen der bürgerlichen Massen* bildet. Die *Kritik* hatte, wie die Sprachwurzel *krinein* = scheiden besagt, all das auseinanderdividiert und in ausschließende Gegensätze aufgelöst, was später dann der Meister als makellos homogene Einheit auszugeben gesonnen war: Form und Inhalt, Künstler und *bürgerliche Masse*, Geist und Unterhaltung und anderes mehr.

Aschenbach ist also mit der Natur der Kritik *von innen her* vertraut; er weiß, wovon er redet. Aber diese Kritik und Negation hat er wiederum selbst negiert. Wie ist solches nun zu verstehen? Bloßer Opportunismus? Der eigene *unanständige Psychologismus* der Jugendzeit ekelt den nun *Meister gewordenen Mann.* Das Unanständige am Psychologismus besteht darin, dass er den Menschen nur nach seiner Zufälligkeit kennt, als ein Bündel seelischer Besonderheiten, mehr oder weniger aus Natur und Umständen sich ergebend, aus denen dann seine Handlungen und Werke abgeleitet werden, die dann natürlich auch immer nur partikular und borniert sein können. Er kennt ihn nicht nach seiner Freiheit und Allgemeinheit, die über die Gebundenheit an solche Partikularitäten immer wenigstens ein Stück weit auch hinaus ist. Mit solcher *Velleität*, also dem kraft- und tatenlosen Wollen, das sich aus der Reflexion auf die Besonderheit der Umstände und der seelischen Gegebenheiten ergibt, hat das die kraftvoll-souveräne Subjektivität nichts im Sinn, schon eher mit der *Absage an die Laxheit des Mitleidssatzes, dass alles verstehen alles verzeihen heiße.* Vor einem *weichen und albernen Halbschurken*, der seine Schwächlichkeit und Nichtswürdigkeit durch die Umstände erklärt haben will, ekelt sich solche Subjektivität nur. Der Mensch ist hier seines eigenen Glückes Schmied, die Rede von menschlicher Schwäche gilt hier nur als *Sympathie mit dem Abgrund.*

Die Befreiung des Subjekts aus allen Fesseln schlichter Faktizität und Gegebenheit meint allerdings noch etwas Weiteres, nämlich die konsequente Unterordnung aller Erkenntnis und theoretischen Wahrheit und die Tatkraft des Ichs. Aschenbach spricht nämlich von dem *tiefen Entschluss des Meister gewordenen Mannes, das Wissen zu leugnen, es abzulehnen, erhobenen Hauptes darüber hinwegzusehen, sofern es den Willen, die Tat, das Gefühl und selbst die Leidenschaft im Geringsten zu lähmen, zu entmutigen, zu entwürdigen geeignet ist.* Dieser *Entschluss* gibt sich selbst nicht mehr als *Erkenntnis* aus, oder anders gesagt: Im Vollzug der Erkenntnis drängt diese offenbar über sich hinaus, zeigt sich als abhängig von außertheoretischen Setzungen, Entschlüssen, vom Willen gesetzte Zwecke, die innertheoretisch nicht mehr reflektiert werden können und in diesem Sinne irrational sind: So wie dies ja *Pragmatismus* und *Konstruktivismus* behaupten. Damit ist dann allerdings aller Kritik erst recht der Boden entzogen oder kann sich jetzt nur noch auf die Mittel zu vorgegebenen, letztlich unkritisierbaren Zwecken beziehen: Der der Maßstab von Wahrheit und Wirklichkeit, dem die Kunst genügen könnte oder auch nicht, entfällt damit[4].

Diese Überwindung der Kritik also nennt Aschenbach das *Wunder der wiedergeborenen Unbefangenheit;* es geht um die *Wiederge-*

---

[4]Diese Wendung von der Theorie zur Praxis entspricht dem Übergang vom ersten zum zweiten Teil von Goethes Fausts, der dann in dem Satz kulminiert: *Die Tat ist alles, nichts der Ruhm* (und alles bloße Sein).

burt[5] einer *neuen Würde und Strenge.* Es ist damit eine gewisse Klarheit und Konsequenz, ein *Zusammenstimmen* der Dinge und Handlungen gemeint, die rein der Logik der Subjektivität verdankt und von der Einrede der Objektivität nicht mehr erreicht werden kann, entsprechend dem Übergang vom *Korrespondenzbegriff* der Wahrheit, also der Übereinstimmung von Subjekt und Objekt, zum Konsistenzbegriff, der Übereinstimmung des Subjekts (oder auch *der* Subjekte im Plural) mit sich selbst. Befreit von aller kritisch-objektiven Bedenklichkeit scheint die Sache durchaus leichter von der Hand zu gehen, sodass man *ein fast übermäßiges Erstarken seines Schönheitssinnes beobachtete, jene adelige Reinheit, Einfachheit und Ebenmäßigkeit der Formgebung, welche seinen Produkten fortan ein so sinnfälliges, ja gewolltes Gepräge der Meisterlichkeit und Klassizität verlieh.* So wie man sich ja auch in der technischen Welt prächtig verträgt, indem man die Theorie einfach Theorie sein lässt, und die Fragen einfach pragmatisch behandelt. Wenn es doch nur alle so hielten! Es ergibt sich dadurch eine Reinheit und Geschlossenheit, von der alle Tradition, die es noch mit der objektiven Realität zu tun hat, im Grunde nur träumen kann.

Diese Überwindung des Negativen des Subjekts, also der Objektivität, wird von Aschenbach dann als ein *Trotzdem* (also eine Negation des Negativen) ausgesprochen, das das Movens seines Aufstiegs, der vollen Entfaltung seines Selbsts bildet: *Ja, man kann sagen, dass seine ganze Entwicklung ein bewusster und trotziger, alle Hemmungen des Zweifels und der Ironie zurücklassender Aufstieg zur Würde gewesen war.* Die *Würde* ist hier wieder nur ein altfränkischer Ausdruck für das, was die Heutigen schlicht *Freiheit* nennen: die Freiheit von der Befangenheit, also die zweite, aus der Befangenheit des Subjekts in der Objektivität wiedergewonnene Unbefangenheit.

---

[5]Diese *Wiedergeburt* hat sehr wohl etwas mit gewissen religiösen Strömungen des Protestantismus zu tun, die um *Wiedertaufe*, (Wieder-) *Erweckung* oder *Born again* kreisen; nicht aber mit der *fernöstlichen* Wiedergeburt, die nur eine Reinkarnation meint, - *ohne* oder mit *nur gradueller* Veränderung der Seele .

Vor allem die moralischen Zweifel fallen hier als hinfällig ins Auge. Welche Negation oder Kritik hätte man noch zu fürchten, wenn diese restlos zum Mittel der eigenen Affirmation gemacht ist? Wer wollte sich von den *selbsternannten* (also bloß subjektiven) Moralaposteln noch ins Bockshorn jagen lassen? Zu Demut und Bescheidenheit anhalten lassen? Hat man nicht lange genug den Verfall der Sitten und der Kultur an die Wand gemalt? Den Untergang des Abendlandes oder gar des ganzen Planeten beschworen? *So what? Honni soît qui mal y pense* - ein Schuft, wer es wagt, etwas schuftig zu nennen! Leben und leben lassen! Zu beklagen nur die Sünden, die man *nicht* begangen hat, also die Unmittelbarkeit, die subjektiven Neigungen, die man *kritisch* unterdrückt hat! Es zählt allein die Empfindung des *Augenblicks*, die Negation aller Ausdehnung, alles Bleibenden, aller Verstetigung, also aller *Negation* der unmittelbaren Empfindung, des Augenblicks.

Formeln der *zweiten Unbefangenheit* gibt es denn also wie Sand am Meer. Das in westlichen Breiten um sich greifende *Halloween* kann man geradezu das Fest der *wiedergeborenen Unbefangenheit* nennen: Man setzt das Negative, die Negation des Ichs, lässt sich das Gruseln darüber über den Rücken laufen, um es dann aber sofort wieder zu negieren, es souverän in Kommerz und Party zu integrieren und seine unangreifbare Überlegenheit darüber zu feiern. Wer wird denn von solchen Schauergestalten sich ins Bockshorn jagen lassen? Auch die *Technik* ist ein Kind dieser Unbefangenheit; zwar negiert sie alle unmittelbare Freiheit durch die maschinelle Objektivierung, durch Kontrolle und Überwachung jedes Details; aber nur um diese letztlich wieder zu negieren und dem Techniker als Konsumenten die ganze Welt zu Füßen zu legen, zu unbefangener und gänzlich freier Auswahl vor dem Supermarktregal oder zum Mausklick im Online-Warenhaus.

Die Erscheinungen des Zweifels, der Kritik und der *Ironie*, zumal auch ihrer künstlerischen Formen: *Satire, Parodie, Kabarett*, verschwinden dabei durchaus nicht. Als Vorstufe jener reflektierten Unbefangenheit haben sie durchaus noch ihren Sinn, so wie auch die gruseligen Gespenster bei Halloween. Aber wo jene Wahrheit sich in reine Reflexion aufgelöst hat, da muss auch das unbedingte Insistieren auf ihr wie alle Kritik zum bloßen Spiel degenerieren, das sich beim Publikum zwar großer Popularität erfreuen mag, aber eben auch durch eine augenzwinkernde Distanzierung und nachhaltige *Wirkungslosigkeit* gekennzeichnet ist.

Eben diese *zweite Unbefangenheit,* die Rückkehr aus der Entzweiung der Kritik zu sich selbst, steht im Zentrum der weiteren Entwicklung der ganzen Novelle, und zwar in einer durchaus zweischneidigen Weise. Denn diese Denkfigur hat sehr wohl eine gewisse *Ähnlichkeit* mit einem tragisch-dialektisch-christlichen Denken, denn beide Male geht es um die Auflösung einer Negation, eines tragischen Gegensatzes, um die Befreiung von vom Gegensatz mit der Welt und eine gewisse Heimkehr zur ursprünglichen Einheit. Ein Heilszustand wird vermittelt durch die Negation einer wie auch immer gearteten Negativität, durch das Opfer eines Seins im Gegensatz.

Aber jene zweite, aus der radikalisierten Reflexion geborene Unbefangenheit[6] ist eben doch *nicht* dasselbe wie die erste, die natürliche Grazie, die uns und Aschenbach in der Gestalt *Tadzios* begegnen wird. Die mit großer Geste vorgetragene *Verwerfung des Verworfenen*, also von Kritik und Reflexion, seine *Abkehr von allem moralischen Zweifelsinn*, vom moralinsauren Bedenkenträgertum, ist ja selbst Verwerfung, Kritik, Reflexion, nichts anderes. Und als solche kann sie auch gar nicht einfach unbefangen *sein*, einfach nur naiv und graziös in sich ruhen, sondern sie muss jene *Verwerfung des Verworfenen* permanent reproduzieren, denn diese ist ihr einziger Inhalt und Sinn. Darum ist sie auch nicht Klassik, sondern Klassizismus, *gewollte*, aus dem Tatwillen

---

[6]Auch Goethes so tatfixierte letzte Faustgestalt bekennt sich zu solcher Unbefangenheit, die den Gegensatz, hier den von sinnlichem Vordergrund und jenseitiger, wahrer Hinterwelt, zugunsten des praktischen Zupackens überwunden haben will: *Er stehe fest und sehe hier sich um; dem Tüchtigen ist diese Welt nicht stumm. Was braucht er in die Ewigkeit zu schweifen! Was er erkennt, lässt sich ergreifen.*

geborene Klassik. Sie ist so letztlich absolute, rastlose, sich stets neu aus sich erzeugende Praxis, *Immer-höher, Immer-weiter.* Wie die erste und zweite Unbefangenheit zusammenhängen, wie sie sich vielleicht gar zu einer Einheit zusammenschließen, das ist das Thema der Novelle.

Thomas Mann spricht die Fragwürdigkeit solcher Wiedergeburt der Unschuld oder Unbefangenheit dann mit Bezug auf den Aspekt des Sittlichen dar: *Aber moralische Entschlossenheit jenseits des Wissens, der auflösenden und hemmenden Erkenntnis, - bedeutet sie nicht wiederum eine Vereinfachung, eine sittliche Vereinfältigung der Welt und der Seele und also auch ein Erstarken zum Bösen, Verbotenen, zum sittlich Unmöglichen?* Die Vereinfältigung - man könnte auch sagen: Verrohung - der Welt nimmt alle die zahllosen Kautelen und Bedenklichkeiten der moralischen Reflexion zurück, ist wieder unbefangen im Sinne von *rücksichtslos*, macht wieder möglich, was als roh und barbarisch verfemt wurde. Der Inhalt, die feinsinnige Gliederung und Strukturierung der moralischen Welt verschwindet; an deren Stelle tritt der *einfache* Lobpreis des dynamisch-harten Ichs, das sich von niemand dreinreden mehr lässt, resolut, energisch, selbstbewusst, durchsetzungsstark. Im Politischen ergibt sich dann aus der *Einfachheit* die *Gleichheit* von *vielen* solch punktuell in sich geschlossenen Willensatomen, die keinen anderen Maßstab mehr haben als eben ihren jeweiligen Willen; die Seite der Ungleichheit, der unterschiedlichen Voraussetzungen, Naturen, Umstände, der seelischen Besonderheiten verschwindet in der Irrelevanz. Und mag auch solch unbefangene Rohheit auch der ganz ursprünglichen Rohheit gleichen, so ist sie doch im Gegensatz dazu eine *gewollte* Rohheit, *reflektierte* Übertretung des *Verbotenen*, womit dann der Aspekt des *Bösen* hereinkommt. Solches liegt dann sogar in der innersten Natur dieser zweiten Unbefangenheit, denn sie ist ja wesentlich nur diese Negation aller Befangenheit, die Wiederermöglichung des Unmöglichen.

Weiter analysiert der Autor dann die zweite Unbefangenheit auf eine gewisse Zweideutigkeit im Verhältnis von Inhalt und Form oder von Wesen und Erscheinung hin: *Und hat Form nicht zweier-*

lei Gesicht? Ist sie nicht sittlich und unsittlich zugleich, - sittlich als Ergebnis und Ausdruck der Zucht ... Sittlichkeit, Bildung oder auch Kultur besteht eben darin, das das Wesen im äußeren erscheint, dass das innere Wesen, der Geist, die Würde nicht im Verborgenen haust und das Äußere *formlos* durcheinandergeht, sondern das beides einander entspricht, dass das Innere das Äußere durchdringt, es gestaltet und organisiert, im Verhältnis von Urbild und Abbild.

Aber das Wesen und seine Erscheinung können natürlich nicht schlechthin zusammenfallen; ja, beides stellt näher besehen sogar einen abgrundtiefen Gegensatz dar: Die Erscheinung ist ausgedehnt, raum-zeitlich, farbig, sichtbar, in steter Veränderung begriffen, das Innere ist all dies nicht, - wie sollte da eine Übereinstimmung möglich sein? Wird also dieser Gegensatz entfaltet, so erscheint die Form als *unsittlich aber und selbst widersittlich, sofern sie von Natur eine moralische Gleichgültigkeit* (gegen das Innere, die Wahrheit, das Wesen) *in sich schließt.* Bei der Gleichgültigkeit bleibt es nicht, es wird sogar ein feindseliger Gegensatz daraus, indem die Form *wesentlich bestrebt ist, das Moralische unter ihr stolzes und unumschränktes Szepter zu beugen.* Dass die Form sich über den wesentlichen Inhalt legen und diesen verdrängen kann, als Formalismus, Formalkorrektheit, als *Scheinheiligkeit*, ist ja verständlich; aber warum ist der Form dies *wesentlich* eigen? Warum geht die Übereinstimmung notwendig zur Gleichgültigkeit und diese dann zum Gegensatz fort? Offenbar eignet dem wesentlichen Inhalt in seiner innerlichen Ungreifbarkeit eine derartige Schwäche, ja Nichtigkeit, dass sie den Triumph der reinen Form geradezu herausfordert. Und ist nicht Form auch wesentlich das Gegenteil, die Verkehrung jenes Inhalts, indem sie Inneres, Geistiges, Unsichtbares ins Sichtbare und Zeitliche verkehrt? Sollte man da nicht auch ganz ohne das abstrakte und unsichtbare Innere auskommen können, indem man den Inhalt ganz in der reinen Form aufgehen lässt?

Solche reine Form und meisterliche Unbefangenheit ist nun allerdings etwas anderes als das *ewige Zigeunertum*, das im *libertini-*

schen Puppenstande hängen bleibt, also als die Unbestimmtheit, die sich willkürlich mal auf dies und auf das verlegt. Es ist daher auch nicht mit dem bloßen, *einmaligen* Willensentschluss, keine Befangenheit mehr zu dulden, nicht getan. Es geht hier nicht um *Unbestimmtheit*, sondern um *Selbstbestimmung*, Übereinstimmung mit sich selbst und durch sich selbst. Nur diese Freiheit der Selbstbestimmung hat ja etwas mit *Würde*, mit Konsistenz und Einheit zu tun, die Unbestimmtheit ist ja auch mit dem Disparatesten und eben Würdelosesten vereinbar.

Jenes erste, das *sittliche* Verhältnis, die *züchtige* Entsprechung der Form zur Materie, meint nun offenbar jene erste Unbefangenheit, von dem die bloße Natur selbst gelegentlich ein naives Vorbild liefert. Das zweite Verhältnis, die *losgelöste* Form, wäre dann die zweite Unbefangenheit, die darin besteht, dass sie die Problematik der ersten gar nicht mehr zu Gesicht bekommt, nicht mehr versteht, oder positiv formuliert: dass sich ihr das Problem erledigt hat. Das Anliegen der Novelle geht dann offenbar dahin, jene Problemstellung wieder sichtbar zu machen: Von den ersten Seiten an meldet sich ihre Relevanz bei Aschenbach durch immer irritierendere Erlebnisse. Die zweite Unbefangenheit geht dann auf die Suche nach dem Zusammenhang mit der ersten, die in Tadzio Gestalt gewinnt; ein Zusammenhang, der irgendwo in der Spannweite von Liebe und gegenseitiger tödlicher Negation liegt.

Sehen wir zu, wie diese zweite Unbefangenheit sich weiter ausgestaltet. Das *große Talent*, das freilich eine Ausnahmeerscheinung ist, hat einen langen, kräftezehrenden Weg des Aufstiegs vor sich, den Weg der radikalen *Selbstgestaltung des Talents*. Das große Talent lässt dann auch die anderen Talente, letztlich *alle* Anderen, hinter sich zurück und führt so ein einsames Leben *voll unberatener, hart selbstständiger Leiden und Kämpfe*, bis es schließlich die Spitze der nach oben offenen, streng hierarchischen Pyramide erklimmt: bis er also zu *Macht und Ehren unter den Menschen* gelangt, zum *bürgerlichen Ehrenstande* an seinem Wohnsitz München oder zur Villa in Berlin, und es dann auch zum *persön-*

lichen Adel brachte: zum Adel der *Leistung*[7], versteht sich, zum *Vorrang* der Tüchtigeren vor den weniger Tüchtigeren, des reineren Ichs vor dem weniger reinen.

Man darf hier also durchaus nicht an schlichten *Verrat* denken und Aschenbachs Volte als schlichten Alterszynismus eines ehrgeizigen Intellektuellen abtun wollen. Es geht hier nicht um einen willkürlichen Entschluss zum Bösen oder zum Willen zur Macht, gegen alle Wahrheit und Wahrhaftigkeit, sondern um die Selbstauflösung des wahren Seins in Schein, oder der Theorie in Praxis. Der Fortgang der Tragödie aber lebt entscheidend davon, dass hier nicht um willkürliche Einfälle, um bloß zufällige menschliche Schwäche geht, sonst wäre die Tragik der Sache nur eine leere Geste, bloße Theatralik und die Tragödie in Wahrheit eine Posse. Es geht um die Selbstauslegung des Geistes, die Darstellung seiner inneren Logik, die auch einen wesentlichen Zusammenhang zwischen Sein und Schein oder zwischen einer Kontemplation des Seins und aktiv-tätiger Herstellung solchen Seins beinhaltet.

Die etwas weniger großen Talente gestalten sich zwar nicht in diesem Sinne durch sich selbst, aber doch auch durch ein großes Talent, nur eben ein *anderes*, vollkommeneres, fortgeschritteneres. Der *Aufstieg zur Würde* beinhaltet somit auch eine *erzieherische* Seite, denn auf den obersten Stufen ist jenes *Formen* und *Können* nicht mehr ein mechanisches Einwirken, Produzieren, denn der Gegenstand dieses Formen wird selbst immer selbstischer, immer reiner, immer energischer. An die Stelle handfester Kraft, die äußeren Dingen eine ganz andere Richtung gibt, tritt so das Steuern und Organisieren, schließlich das reine Stilbilden und die Vorbildfunktion. Der Handwerker wird so zum Designer, weiter zum Manager, dann zum Coach und Mentor, schließlich zum Promi und Star, der es nur noch mit solchen Gegenständen zu tun hat, die fast von selbst sich wie ihr Idol bewegen, es nachahmen, in es einschwingen, fast selbst ein Star

---

[7]Man darf nicht vergessen, dass der Adel ursprünglich ein Leistungsprädikat war, durchaus kein erblicher toter Besitz.

sind oder dies doch gerne wären. Die Relation von Ich und Gegenstand wird selbst immer selbstischer, identischer, bruchloser, sodass schließlich auf beiden Seiten das gänzlich unbefangene, von aller Objektivität und naturhaften Partikularität befreite Subjekt steht, das sich nur noch auf sich selbst bezieht, sich selbst gestaltet. Das derart zu Meisterschaft und Vorbildfunktion, mithin zur *Reinheit*, gelangte Ich wird sich daher *jedes gemeine Wort*, also alles bloß Natürliche, Sinnliche, alle *unmittelbaren Kühnheiten*, eben das Lebendig-Ungeregelte, verbieten: alles andere wäre nicht *korrekt*. Er wird sich *keine subtilen und neuen Abschattungen* mehr erlauben, denn dies hieße ja letztlich einen neuen Inhalt einzuführen, hieße, sich von der reinen Bewegung auf sich selbst hin zu entfernen. Alle Bewegung konvergiert gegen die reine, universale Form. Es wird sich ein bloßes Kreisen im Immergleichen, in einer leer-tautologischen Phraseologie nach Art der Politiker oder der Reklame ergeben: *Er wandelte sich ins Mustergültig-Feststehende, Geschliffen-Herkömmliche, Erhaltende* (Identisch-Bei-sich-Bleibende), *Formelle, selbst Formelhafte.* Schließlich wird uns dann noch durch Aschenbach gesagt, dass dieser Haltung das Adelsprädikat, also wohl das Adelsprinzip selbst, *innerlich gemäß* sei! Die reine, rastlose Dynamik der *Besten*, der Aristokraten, scheint sich in pure Statik aufzulösen; ein Gedanke, der ja auch Goethes Faust das Leben kostet.

Zum Schluss des biografischen Abrisses kommt der Erzähler noch auf die unmittelbar-natürliche Naturseite des Helden zu sprechen, die nach dem vorstehenden nur von *verschwindender* Bedeutung sein kann. Dass ein solch reines, ja *steriles* Ich keine *Familie* hat, versteht sich im Grunde von selbst; zu sehr wäre es dort eben mit bloß Natürlichem, mit Unwägbarem, Unkontrollierbarem, Zufälligem befasst, als dass solches ihm *wesentlich* sein könnte. Nicht dass Aschenbach *überhaupt* keine Familie gehabt hätte, natürlich *kann* der souveräne Geist auch das, manchmal legt er sogar großen Ehrgeiz daran, auch auf solchem Felde sich zu bewähren. Aber für Aschenbach war die Familie ein Meilenstein, den er längst absolviert und hinter sich gelassen hat; sie ist nur noch eine blasse Erinnerung für ihn. Eine Tochter wird als *Gattin*, also von ihrem Familienaspekt her, bestimmt und ist damit abgehakt: Solches kann keine große Bedeutung haben, weil es das Ich von sich, von seinem Erfolg abführt. Einen Sohn, einen möglichen *natürlichen* Nachfolger, hat er nie gehabt, besser: *kann* er eigentlich niemals gehabt haben. Von einer *Erblichkeit* des Adelsprädikats ist denn auch keine Rede: Es hieße ja, den *innerlichen* Adel in eine Naturqualität zu verwandeln.

Seine Physiognomie ist dann ganz von der Kunst, von seinem Formwillen durchgebildet. Diese Kunst - wie gesehen - ist als Kampf und Leiden verstanden, als *Egoshooting*, das denn auch *die Spuren imaginärer und geistiger Abenteuer* in das *Antlitz ihres Dieners gräbt.* Damit *kontrastiert* sie natürlich völlig jenem Kunstverständnis, das mit *klösterlicher Stille* verbunden ist: Kunst als Innewerden des einfachen Ursprungs, als Rückkehr, als intuitive *Schau* des Wesens, die mit einem einfachen Blick alles auf einmal erschaut, mit dem Auge Gottes gewissermaßen.

Es kommt sehr darauf an, diese Passagen genau zu lesen, denn an dieser Stelle wird ja der Übergang zu Aschenbachs Tadzioabenteuer motiviert. Man kann nur immer wieder betonen, dass es hier nicht um ein diffuses Unlustgefühl eines alten Mannes geht, sondern um die Logik jener zweiten Unbefangenheit, deren vielschichtige Aspekte der Autor mit äußerster Präzision und Disziplin zur Darstellung bringt, auch was die Reihenfolge anbelangt. Um es in einem kurzen, rein begrifflichen Überblick zu resümieren: Die *wiedergeborene* Unbefangenheit aus dem Geist einer radikalisierten Kritik, d. h. eine *vermittelte* Unmittelbarkeit, ist doch nicht diese schlichte, unverbogene Natürlichkeit (Natur, naturwüchsige Sitte, natürliche Schönheit), die sie sein will, sondern ihr *Gegenteil*, reine sich auf sich beziehende Reflexion (reines Ich, Wille), die alles Sein und alle Natur in diese Bewegung hineinzieht und damit auflöst, zum verschwindenden Moment einer immer *reiner*, damit aber auch immer *leerer* und *nichtiger* werdenden Selbstidentität herabsetzt.

Drittes Kapitel

Das zweite Kapitel diente wie das erste noch ganz der Exposition des tragischen Konflikts im mehr oder weniger abstrakten Gedanken. Wir hatten es mit unserer philosophischen Betrachtung daher gewissermaßen mit einem Heimspiel zu tun. Nunmehr aber geht es hinaus in die wirkliche Welt, in wirkliches Handeln und damit zur Entfaltung der Tragik in den realen Gegensatz. Hier werden wir denn mit der Vielzahl der Aspekte des realen, individuellen Lebens konfrontiert, die unmöglich alle eine tiefere Bedeutung haben können, ohne die das Gesamtbild aber auch nicht gezeichnet werden kann.

Beide Kapitel haben im Grunde den gleichen Inhalt, nämlich die Darstellung von Aschenbachs Weg zur zweiten Unbefangenheit, der Genese ihres Begriffs, und sie führen auch beide zum gleichen Ergebnis: zum Gefühl jener inneren Hohlheit, die sich teils als Sterilität, teils als Müdigkeit, jedenfalls als Mangel an Leben, Feuer, Dynamik kundgibt: Die jugendliche Unbefangenheit ist in Wahrheit eine Alterserscheinung, die dessen Defizite nur mühsam überdeckt, wie dies die orakelhafte Erscheinung zu Beginn angedeutet hatte. Indem er nun also nach einer Veränderung seines Zustands sucht, sucht er nach dem, was diesem reinen, alles bemeisternden Ich fehlt: nach dem *Fremdartigen und Bezuglosen,* - eben dem ganz Anderen, das sich der rastlosen Einbeziehung, ja Einverleibung in diese negativ-dynamische Identität widersetzt. Indem Aschenbach seinen Entschluss in die Tat umsetzt, wird dies immer deutlicher: Das Reiseziel - ursprünglich sollte es nur ein kurzer Urlaub in der Nähe sein - verschiebt sich immer mehr in die Ferne, immer mehr in Richtung *Tiger* also. Zunächst ist nur von seinem Landhaus die Rede, aber dies ist offenbar nicht fremdartig genug. So schwenkt er denn um in Richtung auf eine *Insel der Adria, mit farbig zerlumptem, in wildfremden Lauten redendem Landvolk und schön zerrissenen Klippenpartien.* Aber auch solche rein äußerliche Exotik ist noch nicht das richtige Ziel, wie *ein Zug seines Innern* ihm bedeutet. Er sucht nicht nur das Fremde, sondern gar *das Unver-*

gleichliche, das märchenhaft Abweichende; nur dieses ist offenbar davor gefeit, sofort wieder als Stufe der Selbststeigerung vereinnahmt und abgehakt zu werden. Dieser *unendliche* Gegensatz zu dem bisher Entwickelten ist - *Venedig*.

Warum Venedig? Wofür steht die alte Stadt? Nun, weiter unten, im fünften Kapitel spricht der Erzähler es sehr direkt aus: *Das war Venedig, die schmeichlerische und verdächtige Schöne, - diese Stadt, halb Märchen, halb Fremdenfalle, in deren fauliger Luft die Kunst einst schwelgerisch aufwucherte und welche den Musikern Klänge eingab, die wiegen und buhlerisch einlullen.* Sie ist damit das *Gegenteil* von Aschenbachs wohlgeordneter Welt, in dessen Kunst durchaus *nichts* Faulig-Disparates geduldet wird, die durch Verstand und Regel, durch Energie und Tatkraft die Gleichgesinnten zum Beifall nötigt. Venedig ist weiblich, - schwelgerisch, sinnlich-üppig, eine Mutter, die das männliche Ich zur Ruhe wiegt und seinen energischen Verstand einlullt. Es ist dies eine Schönheit, die voll und ganz *schöner Schein* ist, die in den Sumpf gebaut ist, die immer zur einen Hälfte im Wasser steht. Das Negative, das Übel ist hier allgegenwärtig, nur mühsam vom Glanz der Schönheit verdeckt, immer auf dem Sprung, die Oberhand zu gewinnen. Venedig ist, um einen Vergleich zu wagen, die *Hetaera Esmeralda* (Doktor Faustus), die Schönheit oder die Liebe, die den Tod und damit auch die Entzweiung in sich trägt; im Gegensatz zu jener Schönheit, deren Fokus letztlich die ewig bei sich bleibende Leichtigkeit eines Fingerschnippens bleibt. Genau dies ist jenes *Unvergleichliche, das märchenhaft Abweichende*, das der Aufsteiger Aschenbach konsequent *negiert* und in jener zweiten Unbefangenheit versenkt hat, das er aber nunmehr, gerade auf den höchsten Punkt seiner Meisterschaft, *sucht*.

Der Erzähler nutzt die Bootsfahrt, um ein wenig diesen Charakter der Stadt zu explizieren. *«Ein glücklich gewähltes Reiseziel!», schwatzte er unterdessen. «Ah, Venedig! Eine herrliche Stadt! Eine Stadt von unwiderstehlicher Anziehungskraft für den Gebildeten, ihrer Geschichte sowohl wie ihrer gegenwärtigen Reize wegen!»* Aber dieser Glanz ist nur Fassade, der dem Besucher seine Hohlheit sofort unumwunden zu erkennen gibt, dass sie nur Schauspielerei, also Künstlichkeit ist: Der Gondoliere tut so, *als sei das Geschäft im flottesten Gange, obgleich niemand mehr da war, der nach Abfertigung verlangt hätte.* Wenn all dies für Aschenbach *etwas Betäubendes und Ablenkendes* hatte, so klingt schon hier ganz dezent ein Motiv an, das später mehrfach wiederkehren wird: das des Rausches, der Verwirrung seiner Souveränität, der meisterhaft geordneten Welt, der Entsetzung seines Ichs aus sich selbst heraus.

Venedig hat damit aber auch eine gewisse Ähnlichkeit mit dem Orakel, das Aschenbach oben begegnet war, das wir als rätselhaften Vorschein der Wahrheit über Aschenbach (oder den Menschen überhaupt) verstanden hatten. An dieses Orakel erinnert der Erzähler nun gewissermaßen leitmotivisch in Gestalt des falschen, grellbunt aufgetakelten Jünglings, der in Wirklichkeit ein Greis ist. Dieser allgegenwärtige faule Zauber scheint in Venedig allerdings durchaus selbstverständlich und allgemein akzeptiert zu sein: *Selbstverständlich und gewohnheitsmäßig, wie es schien, duldeten sie ihn in ihrer Mitte, behandelten ihn als ihresgleichen, erwiderten ohne Abscheu seine neckischen Rippenstöße. Wie ging das zu?* Die Inkonsequenz, die Vermittlung des Positiven durch das Negative und umgekehrt, scheint hier die geltende Praxis zu sein, Logik, identisches Durchhalten einer Sache, erscheint dagegen als Regelverstoß. Es ist klar, dass dem Deutschen davon schwindelig wird: *Aschenbach bedeckte seine Stirn mit der Hand und schloss die Augen, die heiß waren ... als beginne eine träumerische Entfremdung, eine Entstellung der Welt ins Sonderbare um sich zu greifen.* Ein matter Versuch, dem *Einhalt zu tun*, verläuft im Sande.

Im Gegenteil, Aschenbach bleibt durchaus nichts erspart. Die Wahrheit über diese *falsche Gemeinschaft mit der Jugend* wird ihm schonungslos vor Augen geführt als die vollständige Zerrüttung des schönen Seins und die gänzliche Auflösung aller Ordnung. *Sein altes Hirn hatte dem Weine nicht wie die jugendlich rüstigen standzuhalten vermocht, er war kläglich betrunken.* Der vorgeblich Jugendlich-Leichtfüßige war jetzt völlig immobilisiert: *Da er beim ersten Schritte gefallen wäre, getraute er sich nicht vom Fleck.* Aber sein Inneres hält eisern an seinem Ich fest, wie der orakelhafte Mann;

und wie letztlich Aschenbach will er den Abgrund, der sich hinter oder bereits neben dem souveränen Gestus offenbart, nicht wahrhaben. Trotz des Offensichtlichen *zeigte er einen jammervollen Übermut, hielt jeden, der sich ihm näherte, am Knopfe fest, lallte, zwinkerte, kicherte, hob seinen beringten, runzeligen Zeigefinger zu alberner Neckerei und leckte auf abscheulich zweideutige Art mit der Zungenspitze die Mundwinkel.* Es ist klar, dass solcher Widersinn die bereits bekannte Reaktion bei Aschenbach hervorrufen muss: *Wiederum kam ein Gefühl von Benommenheit ihn an.*

Der Blick wendet sich jetzt der Schönheit Venedigs zu, die *nicht* einfach bloßer Kitsch oder reklameartiger Hochglanz ist, sondern durchaus meisterhafte, wenn auch *vergangene* Schönheit: *So sah er ihn denn wieder, den erstaunlichsten Landungsplatz, jene blendende Komposition fantastischen Bauwerks, welche die Republik den ehrfürchtigen Blicken nahender Seefahrer entgegenstellte: die leichte Herrlichkeit des Palastes und die Seufzerbrücke* ... Aschenbach fühlt sich wieder bei sich, stellt Reflexionen an, wie man den Palast adäquaterweise zu betreten hätte, gibt Kommandos; über das Negative, das ihm hier begegnet ist, de*n schauderhaften Alten* mit seinen falschen, großmäuligen *Abschiedshonneurs,* sucht er nach Kräften hinwegzusehen.

Aber so war die Sache mit Venedig natürlich nicht gemeint, als Stärkung und Rekreation seiner meisterlichen Souveränität, wenn auch vielleicht mit ein paar nichtigen Störfaktoren versetzt. Das Abenteuer mit dem konzessionslosen Gondoliere führt ihm vor Augen, dass es um sein überlegenes Ich hier nicht zu tun ist. In der Üppigkeit der Gondel, ihrem schwelgerischen Sitz, versinkt dieses rettungslos. Hier ist alles Machen und Hervorbringen obsolet, hier gibt es nichts mehr dediziert zu wollen, hier bleibt ihm nichts anderes übrig, als sich in diesen Abgrund seines Wollens fallen zu lassen. Als solche ist diese Gondel dann freilich auch der *Sarg* für diesen Willen, sein *Erschlaffen*, seine *letzte schweigsame Fahrt.* Das Todesmotiv klingt hier zum ersten Mal deutlich an: Die wahrhaft unbefangene und naive Grazie, die vergangene Jugendlichkeit des Lebens und der Kunst (also *Venedig*), ist der Abgrund für alle reflektierte Meisterschaft. *Und hat man bemerkt, dass der Sitz einer solchen Barke, dieser sargschwarz lackierte, mattschwarz gepolsterte Armstuhl, der weichste, üppigste, der erschlaffendste Sitz von der Welt ist?* Auch hier sehen wir jetzt die Umwertung diese Negation des Wollens hervortreten: Dieses Versinken im Willenlosen, im Einfach-Gestaltlosen, das keinen Widerstand leistet, ist Aschenbach nämlich durchaus nicht unrecht; er ist mehr und mehr bereit, sein wachsames Selbstbewusstsein in dieser Nacht fahren zu lassen: *Lau angerührt vom Hauch des Scirocco, auf dem nachgiebigen Element in Kissen gelehnt, schloss der Reisende die Augen im Genuss einer so ungewohnten als süßen Lässigkeit. Die Fahrt wird kurz sein, dachte er; möchte sie immer währen! In leisem Schwanken fühlte er sich dem Gedränge, dem Stimmengewirr entgleiten.*

Aber so einfach gibt sich der alte Adam nicht geschlagen. Er erwacht denn auch gleich wieder, indem Aschenbach sich seines *bestimmten* Ziels erinnert und eine Diskrepanz zum projektierten Kurs der Gondel, also zwischen seinem wiedererwachten Willen und der Realität, wahrnimmt. *Es schien folglich, dass er nicht allzu sehr ruhen dürfe, sondern auf den Vollzug seines Willens ein wenig bedacht sein müsse.* Damit die Grenzen einer Urlaubsschlaffheit nicht überschritten werden, muss er versuchen, die Sache wieder unter Kontrolle zu bringen, scheitert damit aber. Er trifft allerdings auf gar keinen *Widerstand*, an dem sein Ich sich hätte aufrichten können, auf den er seine meisterliche Reflexion hätte richten können. Er läuft einfach ins Leere: *Er erhielt keine Antwort.* Auch der folgende Disput über das Fahrziel verläuft ins Leere, und zwar in der Weise, dass der Urlauber schlicht keinen Grund findet, dem Versinken im Gondelkissen seinen steifen Willen entgegenzusetzen. Das Wollen um des Wollens willen ist hier durchaus gegenstandslos, wie er selbst zugeben muss; die Dinge kommen ihm entgegen, ganz ohne Anweisung und Anleitung, *unbefangen* also, - vielleicht deswegen? *Wie weich er übrigens ruhen durfte, wenn er sich nicht empörte. Hatte er nicht gewünscht, dass die Fahrt lange, dass sie immer dauern möge? Es war das Klügste, den Dingen ihren Lauf zu lassen, und es war hauptsächlich höchst angenehm.* Auch ein letzter Versuch der Empörung, der Aufspannung des unendlichen Gegensatzes von Ich und Welt, scheitert: *Ich fahre Sie gut. Das ist wahr, dachte Aschenbach und spannte sich ab.* Sein Ich und sein Wollen versinkt im Schaukeln der Gondel: *Selbst, wenn du es auf meine Barschaft abgesehen hast und mich hinterrücks mit einem Ruderschlage ins Haus des Aides schickst, wirst du mich gut gefahren haben.* Offenbar ist bereits hier diese wirkliche Unbefangenheit mehr wert als jene Unbefangenheit, die ihm die Macht seiner *Barschaft* und seines Meistertums verleiht.

Es bleibt freilich auch dies eine Episode; am Ende verschwindet auch dieses Versinken mit dem *verpönten, um seinen Lohn geprellten Gondolier* im Nichts. Die Mächte der Ordnung haben die Störung, den Kontrollverlust, beseitigt. Aschenbach ist also wieder zu Verstand gekommen, hat seinen Willen wieder und befindet sich in Übereinstimmung mit der sorgsam gepflegten Ordnung und ihrer konsequenten Einheit. *Da er angemeldet war, wurde er mit dienstfertigem Einverständnis empfangen.* Seine Erlebnisse waren im Grunde banal, gerade genug Stoff für etwas *Smalltalk*; nur für den Einsamen, dem solche Entsorgung verwehrt ist, kann es ein Gegenstand weiteren Nachdenkens oder gar der Beunruhigung werden. Aber die Souveränität des Ichs ist wiederhergestellt, und gewissenhaft und nachhaltig durchdringt sie die äußere Erscheinung: *Er tat es langsam und genau, nach seiner Art, da er bei der Toilette zu arbeiten gewöhnt war.*

Hier taucht nun endlich *Tadzio* auf, dem eine ähnliche Stellung wie Venedig und der angenehm-widersetzlichen Gondelfahrt zukommt. *Mit Erstaunen bemerkte Aschenbach, dass der Knabe vollkommen schön war.* Er muss dies anerkennen, wiewohl diese Schönheit durchaus keinem *Kunstwillen* entsprungen ist: Kein Meister hat hier die Schere geführt, Tadzio ist durchaus kein Ergebnis raffinierten Stylings oder coolen Designs. Der Erzähler unterstreicht dies, indem er den Gegensatz zu den Schwestern herstellt: *Was ferner auffiel, war ein offenbar grundsätzlicher Kontrast zwischen den erzieherischen Gesichtspunkten, nach denen die Geschwister gekleidet und allgemein gehalten schienen.* Die Schwestern zeigen sich nämlich *bis zum Entstellenden herb und keusch.* Als Produkte strengen erzieherischen Willens und Besserns fehlt ihnen die eigentliche Lebendigkeit, *die Gesichter erscheinen nonnenhaft leer und nichtssagend,* ihre Haltung ist von *Steifheit* gezeichnet: Produkt der asketischen Disziplinierung des Lebens durch leeren Ichpunkt. Bei dem Knaben war dieser Besserungswille nun nicht etwa erfolgreicher gewesen, sondern er war *gar nicht* erst in Aktion getreten: *Gewiss, es war eine Mutter, die hier waltete, und sie dachte nicht einmal daran, auch auf den Knaben die pädagogische Strenge anzuwenden ... Man hatte sich gehütet, die Schere an sein schönes Haar zu legen.* Es scheint durchaus eine bloße Laune der Natur - oder *von parteilicher und launischer Liebe getragen* - zu sein, nichts *Gemachtes*, keine Tat des Selbsts, kein *Verdienst.* Dennoch ist es nicht einfach ein Wildwuchs, das bloße Chaos, sondern maßvolle Harmonie, die nicht auf bewusster Ordnung beruht, sondern darauf, dass die Teile sich *von selbst,* also in diesem Sinne natürlich-lebendig, sich zur Einheit neigen.

Also solche ist sie freilich nicht die Regel, sondern ein *naturgegebener* Vorrang, der auf untergründige Weise mit dem Künstlertum korrespondiert. Auch dieses ist an ein *Naturell*, ein *Talent* und eine empfindsame Sinnlichkeit gebunden, das jenseits bloßen Denkens und Wollens, das jedem zugänglich sein mag, steht: *Fast jedem Künstlernaturell ist ein üppiger und verräterischer Hang eingeboren, Schönheit schaffende Ungerechtigkeit anzuerkennen und aristokratischer Bevorzugung Teilnahme und Huldigung entgegenzubringen.* Es deutet sich damit auch eine enge Bindung des Künstlers an die Natur als den Ursprung aller *Un*gleichheit an, an die Unmöglichkeit gerade für ihn, sich in der hehren Sphäre des reinen, über allen Wassern schwebenden Ichs einzuwohnen. Von hier aus fällt dann auch ein neues Licht auf Aschenbachs bereitwillig akzeptierten Adelstitel. Sein Erfolg war eben keine rein willensmäßige Leistung, nicht bloße Energie und Selbstbewegung, sondern doch an einen solchen Naturvorzug gebunden, an ein Talent oder Genie, an eine gewisse Herkunft, das Umfeld seiner Vorfahren. Oder umgekehrt war die Abwesenheit gewisser natürlicher Defizite, Missbildung, Legasthenie, Armut seine Voraussetzung; zumindest mussten solche diese Defizite gerade jenes Maß haben, dass das Talent daran wachsen konnte und nicht davon erdrückt wurde: Voraussetzungen und Umstände, die letztlich nur in sehr engen Grenzen und ausnahmsweise durch die Energie des Ichs zu ersetzen sind und aller Ideologie von der möglichen, herzustellenden Chancengleichheit und Fairness des Marktes Hohn sprechen.

Was aber hat es nun mit dieser bewunderten Natürlichkeit und damit Unreflektiertheit auf sich? Der Erzähler hat mit seiner Erwähnung von *Schillers* Schrift über das *Naive* einen deutlichen Hinweis gegeben, wie das Faszinosum dieser Natürlichkeit zu verstehen sein soll. Gleich zu Beginn erläutert nämlich Schiller: *Natur in dieser Betrachtungsart ist uns nichts andres, als das freiwillige Dasein, das Bestehen der Dinge durch sich selbst, die Existenz nach eignen und unabänderlichen Gesetzen ... Es sind nicht diese Gegenstände, es ist eine durch sie dargestellte Idee, was wir in ihnen lieben. Wir lieben in ihnen das stille schaffende Leben, das ruhige Wirken aus sich selbst, das Dasein nach eigenen Gesetzen, die innere Notwendigkeit, die ewige Einheit mit sich selbst.* Es geht also vor allem *nicht* um ein schlichtes zufälliges Weltstück, eine irgendwie ausgezeichnete Menge von Eigenschaften, die dann von einem äußeren Tun erst geordnet und strukturiert werden muss. Es geht vielmehr um die *ruhige* (nicht äußerlich angestoßene) Übereinstimmung eines Inneren und seines Äußeren, die Gestaltung des ausgebreiteten Daseins durch innere Notwendigkeit, das *eigene* Gesetz des Ganzen, um das, was man mit Begriffen wie Leben und Geist verbindet.

Der innere Zweck legt sich in seinen Mitteln (Organen) aus und verwirklicht sich so in freier Wechselseitigkeit, ist Selbstzweck, ist damit eben jene Lebendigkeit, von der oben die Rede war; *nicht* ein Selbstzweck *jenseits* der Mittel, ein Zweck, der sich dem Äußeren, der Welt, der Natur als *fremder* Zweck gegenübersetzt und dieses so zur vom Schema regierten *Maschine* macht. In einer Zeit, wo selbst Autowerkstätten mit Ganzheitlichkeit werben, muss man sich klar machen, dass dies sehr verschiedene Dinge sind. Es ist ja gerade das Problem Aschenbachs, dass er der zwar meisterhaft die Lebendigkeit *imitieren* kann, aber das Mechanische und Marionettenhafte seiner Produkte am Ende sich selbst so wenig verbergen kann wie der alte Geck seine absterbende Lebendigkeit. Als solch stilles, aus sich selbst hervorgehendes Leben, sind diese Gegenstände ausdrücklich *nicht das Werk ihrer Wahl*, ihrer Reflexion, sondern Natur: Den unendlichen Gegensatz von innerer Freiheit und äußerem Dasein kennen sie nicht; und sie ertragen ihn auch nicht, wenn er sich denn geltend macht. Jene naive Unbefangenheit gibt wohl *Darstellungen unserer höchsten Vollendung im Ideale*, wie Schiller sagt, aber sie wird durch die Reflexion in jenes reine Ich unweigerlich zerstört. Das ist das Grundmotiv der Tragödie.

Kehren wir zurück zum Text der Novelle. Wieder ist der Meister bereit, sich fallen zu lassen, *in tiefem Sessel behaglich aufgehoben und übrigens das Schöne* (platonisierend, *das* Schöne *an sich*, überhaupt) *vor Augen* (also individuiert): *idea in res, in individuo* (Aristoteles!). Und es wiederholt sich auch hier die Formel der Anerkennung für diese Schönheit, die sein eigenes angestrengt-lebloses Kunstwollen in den Schatten stellt: *Gut, gut, dachte Aschenbach mit jener fachmännisch kühlen Billigung, in welche Künstler zuweilen einem Meisterwerk gegenüber ihr Entzücken, ihre Hingerissenheit kleiden.*

Aschenbachs Gedanken kreisen denn auch um diese *geheimnisvolle Verbindung, welche das Gesetzmäßige mit dem Individuellen eingehen müsse, damit menschliche Schönheit entstehe,* also eben diese Einheit des Schönen *per se* und *in individuo*, die sich bereits angedeutet hatte. Diese Einheit des Allgemeinen und des Individuellen ist ja nicht dadurch gegeben, dass eine einzelne Sache sich *gesetzmäßig* verhält: Die strikt eingehaltene Umlaufbahn des Mondes ist durchaus kein Beispiel solcher Einheit; solche Kurven haben daher auch nichts mit der hier gemeinten Schönheit zu tun, sondern allenfalls mit der mathematischen, im Sinne von verstandesmäßiger Einfachheit, Geradlinigkeit, verstandenen. Die individuellen Bestimmungen des Mondes gehen hier das Gesetz gar nichts an, von ihnen kann durchaus abstrahiert werden. Der Mond ist hier kein wirkliches Individuum, sondern nur ein austauschbarer *Fall* (Beispiel, Exemplar) der abstrakten Regel: teilbar in gesetzmäßiges Wesen und gleichgültige Umstände des Einzelfalls. Daher ist auch der Ausdruck des Gesetzmäßigen oben missverständlich (bzw. durch seinen Gegensatz, das Individuelle zu relativieren), weil er dieses abstrakte Verständnis von Allgemeinheit nahelegt: Schönheit ist nicht gesetzmäßiges Verhalten, Regelförmigkeit. Was intendiert ist, ist eben ein *Allgemeines*, das sich spezifisch und unabstrahierbar in diesem bestimmten *Individuum ausdrückt*, seinen allgemeinen Charakter in einer allerdings besonderen Weise zeigt. Das Allgemeine durchdringt also seine Besonderheiten des Individuums in gewissem Sinne, ist darin gegenwärtig und verwirklicht gerade dadurch das Allgemeine: So wie das allgemeine Leben in den besonderen Organen gegenwärtig ist, die je für sich lebendig sind, und durch ihren Zusammenhang auch das Leben erst verwirklichen. Der Mond aber nach seiner besonderen Gestalt, seine Farbe, seine Oberflächenstruktur, drückt sein Gesetz in gar keiner Weise aus, verwirklicht es auch nicht, weshalb ja eben davon abstrahiert werden kann; so wie auch ein Apfel als solcher nichts über das Gesetz der Schwerkraft sagt. Er könnte auch ganz anderen Gesetzen unterliegen, so wie das Gesetz für beliebige andere Körper gilt, was immer sie ansonsten noch sein mögen.

Für die schöne, lebendige oder geistige Einheit, für ein konkretes Allgemeines, gilt das aber nicht, hier sind Allgemeines (Ganzes) und Einzelnes (Teil) innig aufeinander bezogen, als Beziehung des Ausdrucks, der Entfaltung und der Reproduktion. Allerdings sind Allgemeines und Individuelles dann auch wieder Gegensätze, sodass die geforderte Einheit am Ende ganz rätselhaft und durch ihr eigenes Gegenteil vermittelt erscheinen muss. Der nüchternen, geradlinigen Betrachtungsweise ist dies natürlich verbotenes Terrain: Aschenbach muss seine Gedanken denn auch wieder von sich distanzieren, denn er *fand am Ende, dass seine Gedanken und Funde gewissen scheinbar glücklichen Einflüsterungen des Traumes glichen, die sich bei ernüchtertem Sinn als vollständig schal und untauglich erweisen.* Aber natürlich hat der Erzähler hier nicht einfach Unsinn eingeflochten; sind es doch eben diese abgründigen Zusammenhänge, die das ansonsten Sterile und leblos Gesetzmäßige *beleben*, selbst Aschenbachs *von Traumbildern verschiedentlich belebten Schlaf.*

Aschenbach war in Urlaub gefahren zum *Zwecke* der Regeneration seiner Kräfte, eben jenes von oben herab ordnenden Ichpunktes, um anschließend zu erfolgreich-zweckmäßiger Tätigkeit zurückkehren zu können. Allerdings scheint ihm Venedig diesen Dienst nicht tun zu wollen. *Das Wetter ließ sich am folgenden Tage nicht günstiger an. Landwind ging.* Stattdessen behelligt ihn vielmehr die mächtige, schöne Stadt mit ihrer disparaten Kehrseite: *Als Aschenbach sein Fenster öffnete, glaubte er den fauligen Geruch der Lagune zu spüren.* Für jene Absicht ist das natürlich ganz unzweckmäßig. *Verstimmung befiel ihn. Schon in diesem Augenblick dachte er an Abreise.* Ein untaugliches Hilfsmittel muss man beiseitelegen. Solange dieser (aktivische) Zweck noch in Saft und Kraft steht, bleibt nur die Abreise; insofern aber das Motiv der (passiven) Versenkung in der naturgegebenen, unbefangenen Schönheit sein Kraft geltend macht, bleibt er: *Wahrhaftig, erwarteten mich nicht Meer und Strand, ich bliebe hier, solange du bleibst!*

Das vorgegebene Zweck-Mittel-Verhältnis beginnt sich so bereits bedenklich aufzuweichen; es verschwimmt, was nun Zweck, was Mittel ist, ob es überhaupt als ein Zweck-Mittel-Verhältnis zu fassen ist. *Er liebte das Meer aus tiefen Gründen: aus dem Ruheverlangen des schwer arbeitenden Künstlers, der von der anspruchsvollen Vielgestalt der Erscheinungen an der Brust des Einfachen, Ungeheueren sich zu bergen begehrt* (das entspricht noch dem Urlaubsmotiv)*; aus einem verbotenen, seiner Aufgabe gerade entgegengesetzten und eben darum verführerischen Hange zum Ungegliederten, Maßlosen, Ewigen, zum Nichts. Am Vollkommenen zu ruhen, ist die Sehnsucht dessen, der sich um das Vortreffliche müht* ... Zunächst ist hier noch der *schwer arbeitende* Künstler, die rastlose Bewegung, das Primäre; das - entgegengesetzte - Ruheverlangen ist nur die Folge, das zweckmäßige Mittel. Aber der Schlusssatz scheint das Verhältnis bereits umzukehren: Die Mühe (um des Vortrefflichen willen) dient der Ruhe (am Vortrefflichen); zumindest scheint es ein *korrelatives* Verhältnis zu sein, das nicht mehr eindeutig von der einen oder der anderen Seite dominiert wird. Oder es wäre gar ein eher *dialektisch* zu verstehendes Verhältnis: Die Spitze der Arbeit bestünde darin, am Vortrefflichen zur

Ruhe zu gelangen; die Mühe, das elaboriert Vortreffliche in sein Gegenteil aufzulösen, wäre das so das ruhige, mühelose *Einfache*, sodass das Vollkommene - zu Ende gedacht - in eben dieser *Ruhe* erreicht wäre, wenn nicht gar in der *Leere*, wie Aschenbach dann prompt in fast buddhistischem Sinn resümiert: *Ist nicht das Nichts eine Form des Vollkommenen? Wie er nun aber so tief ins Leere träumte ...*

Kehren wir also zurück zum Gang der Handlung. Es folgt jetzt die Szene, in der Tadzio mit der russischen Familie aneinandergerät und dabei ganz *außer sich* gerät, also seine göttlich in sich ruhende Unbefangenheit verliert. Es ist dies ein Phänomen, das man auch bei den so maßvoll-besonnenen alten Griechen, denen Tadzio ja durchweg parallelisiert wird, bemerken kann, wo der kleinliche, dabei äußerst gehässige und brutale Peloponnesische Krieg, ein rein innergriechischer Zwist, doch sehr jenem Bild einer sittlichen Vollkommenheit kontrastiert. Jene natürlich-einfache Unbefangenheit, die den unendlichen Gegensatz nicht kennt oder verleugnet, hat ihn eben außer sich. Sie ist mit einer bestimmten, besonderen Natur begabt und an diese auch gebunden; wird diese ihre Grenze überschritten, gerät sie außer sich: *Dieser kindische Fanatismus, gerichtet gegen das gutmütigste Stück Leben, - er stellte das Göttlich-Nichtssagende in menschliche Beziehungen; er ließ ein kostbares Bildwerk der Natur, das nur zur Augenweide getaugt hatte, einer tieferen Teilnahme wert erscheinen; und er verlieh der ohnehin durch Schönheit bedeutenden Gestalt des Halbwüchsigen eine politisch-geschichtliche Folie, die gestattete, ihn über seine Jahre ernst zu nehmen.* An jeder *anderen* Natur kann sich der unendliche Gegensatz entzünden, und wäre die andere Natur auch nur das nächste Dorf oder ein anderer Zungenschlag; an jeder kann sich der Gegensatz des Fremden und des Eigenen, von Ich und Außenwelt festmachen, da dieses Ich nicht diese innerliche Allgemeinheit hat, die von aller Natur abstrahieren kann. Die reine Schönheit, das klassische *Ideal*, hat diese Tiefe des Ichs außer sich.

Es folgt dann die Szene, in der Jaschu, ein Spielkamerad, Tadzio küsst und Aschenbach sich bemüßigt fühlt, die *Memorabilien* von *Xenophon* zu zitieren: *»Dir aber rat ich Kritobulos«, dachte er lächelnd, »geh ein Jahr auf Reisen! Denn so viel brauchst du mindestens Zeit zur Genesung.«* Angesprochen ist hier nicht Tadzio, sondern Jaschu, der *dem Schönen* zu nahe gekommen ist und nun nicht mehr zu den *verständigen*, sondern zu den *törichten* Menschen gehört, nach der sokratischen Erörterung, die Xenophon wiedergibt. Er wäre jetzt ein Sklave statt eines Freien, der nur noch dem Schönen dienen wollte, der keine Zeit mehr hätte, sich um *Gutes und Edles* (wozu diese Schönheit und die Hingabe daran offenbar nicht gehören) zu kümmern. Denn diese Schönheit sei mächtiger als eine *Giftspinne*, die nur aus der Nähe wirken kann. Der alte Unterschied der Nah- und Fernwirkungskräfte spielt hier eine Rolle; die Ersteren sind die rein mechanischen Ursachen, die *causa efficiens*, durch Druck und Stoß, also handfeste Berührung, die Letzteren sind die mehr abstrakt, geistig wirkenden Kräfte, eben wie die Schönheit, die Liebe, die *causa finalis*, Gott.

Freilich gerät auch Aschenbach selbst immer tiefer in den Bannkreis dieser ursprünglichen Schönheit; Sokrates' Rat an Xenophon, beim Anblick des Schönen eiligst zu fliehen, befolgt auch der Meisterdichter nicht. Diese Faszination hat für ihn den Sinn einer *Erinnerung*, einer *Umkehr* oder *Rückkehr*; eine Erinnerung an ursprüngliche Jugend, wie *die lebendige Gestalt, vormännlich hold und herb, mit triefenden Locken und schön wie ein zarter Gott, herkommend aus den Tiefen von Himmel und Meer, dem Elemente entstieg und entrann.* Das Individuelle Tadzios leitet Aschenbach also zurück auf Grundsätzliches, lässt ihn den Knaben als eine mythisch-bedeutsame Erscheinung verstehen: *Dieser Anblick gab mythische Vorstellungen ein, er war wie Dichterkunde von anfänglichen Zeiten, vom Ursprung der Form und von der Geburt der Götter.* Aus dem Chaos, dem Formlos-Ungeordneten, bildet sich die naiv-unbefangene, handgreifliche Beziehung von Form und der Materie, oder dem Ungeformten entsteigen die Götter in lebendig menschlicher Gestalt, lange bevor sich diese innige Beziehung in den Gegensatz des Sichtbaren und des Unsichtbaren auflöst. *Aschenbach lauschte mit geschlossenen Augen auf diesen in seinem Innern antönenden Gesang;* und eben diese *Erinnerung* des Ursprungs, der naiven Form, motiviert ihn, den obigen Ratschlag des Sokrates in den Wind zu schlagen; *und abermals dachte er, dass es hier gut sei und dass er bleiben wolle.*

Der nächste Absatz gibt nun einen weiteren Hinweis darauf, wie jenes Verhältnis der meisterlichen Mühe zu der natürlich-unbefangenen Schönheit zu denken ist. Es ist her vor allem auf den Aspekt von *Aktivität* und *Passivität* abgehoben: *Und eine väterliche Huld, die gerührte Hinneigung dessen, der sich opfernd im Geiste das Schöne zeugt, zu dem, der die Schönheit hat, erfüllte und bewegte sein Herz.* Es wird hier offenbar auf den Schöpfungsgedanken angespielt: Der Schöpfer, der seine ewige Reinheit opfert und aus sich herausgeht, ein Abbild des Urbild erzeugt, und nun gerührt auf das Geschöpf, das schön *ist*, diese Schönheit aber nicht selbst zeugt, blickt. Dieser entspricht ja dann dem Gedanken des Lebens: die reife Frucht, die zum Keim wird, der abstirbt, aber aus sich die entfaltete, lebendige Gestalt hervorgehen lässt.

Aber noch leistet das meisterliche Ich Aschenbachs durchaus Widerstand gegen diese Versenkung im Kreislauf des Lebens. *In diesem Augenblick dachte er an seinen Ruhm und daran, dass Viele ihn auf den Straßen kannten und ehrerbietig betrachteten, um seines sicher treffenden und mit Anmut gekrönten Wortes willen, - rief alle, äußeren Erfolge seines Talentes auf, die ihm irgend einfallen wollten, und gedachte sogar seiner Nobilitierung.* Wie aber hält sich ein solch nobles Ich aufrecht gegenüber fremder Grandezza? Nun, indem es dieselbe ganz genau, *aus der Nähe* betrachtet; ist nicht alle Metaphysik nur unscharfes Sehen? Alles, was aus der Ferne als eine Einheit, ein Ganzes, als etwas Sinnvolles, erscheint, das erweist sich doch unter dem Mikroskop als ein Durcheinander heterogener Elemente, wobei dann jedes Element selbst noch weiter zerlegt und betrachtet werden kann.

So muss denn der *schöne Schein* bei diesem Verfahren unweigerlich als *Schein* erkannt werden, als eine optische Täuschung, Einbildung. *Er stand ganz nahe bei Aschenbach, zum ersten Male so nah, dass dieser ihn nicht in bildmäßigem Abstand, sondern genau, mit den Einzelheiten seiner Menschlichkeit wahrnahm und erkannte.* Fast immer kann man dabei irgendwelche Unsauberkeiten entdecken, das liegt eben in der angesprochenen *Menschlichkeit* selbst begründet, darin, dass der schöne Knabe oder das schöne Bild nicht *das Schöne an sich*, sondern *in individuo* ist. *Er hatte jedoch bemerkt, dass Tadzios Zähne nicht recht erfreulich waren.* Für die unbefangene Schönheit gilt dies natürlich noch mehr als für die meisterhaft polierte, wie wir ja schon bei den Griechen gesehen hatten. Auch hinsichtlich der *Zeit* deutet der Erzähler einen Unterschied an: *Er ist sehr zart, er ist kränklich, dachte Aschenbach. Er wird wahrscheinlich nicht alt werden.* Die unbefangene Schönheit ist kurzlebiger, ein Blatt im Wind oder ein *Goldaufblitzen am Bauch der Schlange Vita*, mit Nietzsche zu reden, während die Meisterwerke für die Ewigkeit geschaffen scheinen. Die Schönheit Tadzios scheint sich also auf jenes erträgliche Maß einzupendeln, das mit Aschenbachs Urlaubszwecken vereinbar ist und ihm *ein Gefühl der Genugtuung oder Beruhigung* gibt.

So versucht er sein ursprüngliches Erholungsprogramm weiter fortzuführen, eben seine Produktivität an der Schönheit Venedigs (und Tadzios) unter Abstraktion von dessen Negativität wieder aufzurichten. Aber schon *die faulriechende Lagune* auf dem Weg nach Venedig deutet an, das dieses Konsumprogramm nicht funktionieren wird, dass er sich wird umorientieren müssen: *Es war jedoch dieser Gang, der einen völligen Umschwung seiner Stimmung, seiner Entschlüsse herbeiführte.* Der Umschwung ist hier natürlich doppeldeutig, hat einen vordergründigen und einen abgründigen Sinn. Zunächst besteht er nämlich in dem Versuch, die Reise abzubrechen, nach Deutschland zurückzukehren, als wäre nichts gewesen, nur eben ein missratener Urlaub; er muss nächstes Mal wohl irgendwo anders hinfahren. Zweitens meint dieser Umschwung dann aber den Entschluss, diesen Entschluss zur Rückreise wiederum zurückzunehmen, sich nicht in seinem hehren Ich einzuigeln, sondern konsequent der Spur der wahrhaft lebendigen Schönheit zu folgen.

Wir sind also bei der *Krisis* im Ablaufschema der Tragödie angelangt. Die ursprüngliche Absicht des Helden, dem Orakel durch eine kleine Veränderung zu entgehen und sein ursprüngliches Selbst unbeschadet zu bewahren, erweist sich als undurchführbar; der Gegensatz zeigt sich als tragisch-aporetischer. So versucht der Held noch, den Gegensatz *einseitig*, verstandeskonform aufzulösen. Hier ist dies der Versuch der Abreise, einer schlichten Rückkehr zum Ausgangspunkt der ganzen Novelle, so als wäre nichts gewesen, als wäre der bisherige Verlauf der Handlung nur ein zufälliges, irrtümliches Plätschern gewesen. War es das nicht, muss der Versuch scheitern. Die Krisis bzw. der Fluchtversuch ist daher sehr wichtig für den Aspekt der *Notwendigkeit* der Tragödie und wir müssen genau zusehen, was die Flucht vereitelt, worin für Aschenbach die Notwendigkeit besteht, zu bleiben, den Weg der Tragödie weiterzugehen.

Für eine Rückkehr zum Ausgangspunkt ist es gar nicht nötig, direkt nach Deutschland zurückzukehren, sondern einfach den projektierten Urlaub irgendwo anders fortzusetzen, irgendwo in der Nähe, nur eben nicht in Venedig, wo er sich mit dem *ganz Anderen* konfrontiert sieht. Schon auf der Rückfahrt zum Hotel, als *die bizarre Fahrt durch Venedig ihren Zauber zu üben begann,* entfaltet die Zweideutigkeit Venedigs ihre Wirkung in voller Schärfe, *der beutelschneiderische Geschäftsgeist der gesunkenen Königin* - gegen die kahle Konsequenz der Ich-Logik. Im Hotel spitzt sich dies zum ausweglosen Konflikt zu, er ist beunruhigt, schläft schlecht. Er hatte sich dafür entschieden, bei Verstand bleiben zu wollen, und dessen geraden Linien muss er nun folgen: *Nun musste er fortfahren, zu wollen, was er gestern gewollt hatte.* Dennoch versucht Aschenbach am Morgen, der strikten Logik seiner Entscheidung zu entgehen, die Abreise hinauszuzögern, gegen die geschäftige Konsequenz des Hotelpersonals.

Die Fahrt zum Bahnhof wird schließlich zur *Leidensfahrt, kummervoll, durch alle Tiefen der Reue.* Was macht den Abschied so schwer? Es ist offenbar *nicht* Tadzio; die kurze Begegnung mit ihm macht Aschenbach die Sache zwar nicht einfacher, scheint ihn aber auch nicht übermäßig zu bewegen: *Adieu, Tadzio! dachte Aschenbach. Ich sah dich kurz. ... Sei gesegnet!* Von Tadzio ist denn auch weiter keine Rede, sondern vielmehr von *Venedig*. Dieses zeigt sich ihm nämlich von seiner Schokoladenseite: *Die öffentlichen Gärten blieben zurück, die Piazzetta eröffnete sich noch einmal in fürstlicher Anmut und ward verlassen, es kam die große Flucht der Paläste, und als die Wasserstraße sich wendete, erschien des Rialto prächtig gespannter Marmorbogen.* Was aber den Abschied für Aschenbach so schmerzhaft macht, ist *der Gedanke, dass er Venedig nie wieder sehen solle, dass dies ein Abschied für immer sei.* Der Erzähler insistiert weitläufig auf diesem Punkt: Es geht also um einen *prinzipiellen* Abschied, einen Abschied von einer bestimmten Geistesgestalt. Welcher? Eben von jenem schönen Schein, der das Negative, den Tod in sich trägt; der Abschied von jenem Geist, für den der Tod nicht ein noch ungelöstes technisches Problem ist, sondern etwas wesentlich zum Menschsein, ja selbst zur Schönheit Gehörendes. Dabei wäre auch an jenen Gott zu denken, der durch den Tod hindurchgeht, oder an jene *große Göttin* aus der bereits eingangs erwähnten Erzählung: *Denn sie ist Alles und nicht nur Eines: Leben und Tod, Wahn und Weisheit, Zauberin und Befreierin ... In ihrer Doppelheit müssen wir die Große erkennen.* Es wäre der Abschied von jener lebendigen Schönheit, jenem ganz Anderen, die zu finden er aufgebrochen war, die ihm selbst, seiner ichzentrierten, formell-hölzernen Silbenstecherei so unzugänglich geworden war. Aschenbach ist freilich mehr als dieser Ausgangspunkt; eben dies erfährt er in der Krisis: *War es möglich, dass er nicht gewusst, nicht bedacht hatte, wie sehr sein Herz an dem allen hing?*

Das *Herz* meint hier natürlich nicht irgendein vages Gefühl, eines das man in der linken Tasche trägt, während der Verstand dann in der rechten sitzt. Es meint vielmehr Aschenbachs ganzes Wesen, seine geistige Identität, sein Künstlertum, das eben weder bloß Herz, Hingabe, passive Empfindung ist, noch bloß Verstand, Ich, Kreativität. Dieses echte Künstlertum, nicht seine formelle Meisterschaft, würde sich in *nichts* auflösen, wenn er Venedigs aus dem Weg gehen wollte als Hausdichter der Tüchtigen. Aschenbach müsste Venedig, also die alte, unbefangene, nun aber vergangene Kunst selbst *fortan als einen ihm un-*

möglichen und verbotenen Aufenthalt zu betrachten, dem er nicht gewachsen war und den wieder aufzusuchen sinnlos gewesen wäre. Er erinnert sich hier also der inneren Bezüglichkeit, die sein avanciertes Künstlertum, sofern es sich noch ernst nimmt, zu jener Unbefangenheit doch hat.

Er formuliert dies als einen *Streitfall zwischen seelischer Neigung und körperlichem Vermögen:* Die Seele[8], sein Künstlertum also, neigt zu Venedig, zur Schönheit *mitsamt* dem Negativen; der Körper, besser gesagt: Die *Abneigung* und die Schwäche des Körpers, die dem hochreflektierten Ich entspricht, will weg davon, in Gefilde, die der Souveränität dieses Ichs weniger entgegenzusetzen haben. Dass Aschenbach eine solche *physische Niederlage* nicht *tragen und anerkennen* will, heißt daher auch, dass er sich nicht dem meisterlichen Ich das Feld überlassen will, dem *Forever Young*, das über Natur und kreatürliche Schwäche hinaus ist.

Die gewissermaßen nördlich-okzidentale Entfaltung der Biografie Aschenbachs, die wir in den *ersten* beiden Kapiteln kennengelernt haben, kommt damit an einen Wendepunkt. Mit dem Entschluss nach Venedig zu fahren und nunmehr bewusst dort zu bleiben, ersteht dieser zweiten Unbefangenheit nun der Gegensatz wieder, der eigentlich durch Reflexion ins hehre, über allen Wassern schwebende Ich bereits aufgelöst schien. Er begibt er sich in eine eher südlich-orientalisch zu nennende Sphäre, die entschieden durch den dualen Gegensatz und schließlich durch die Rückkehr zur ungeformtem Materie gekennzeichnet ist, wie wir ihn oben in Gestalt jener indischen Göttin paradigmatisch ausgesprochen gefunden haben: Leben *und* Tod, Liebe *und* Leiden, diametral entgegengesetzt und doch innerlich-geheimnisvoll zusammengehörend, auf die *eine* Göttin bezogen, *aus deren Schoß alles kommt, und in deren Schoß alles geht.* Diese ganze Bewegung macht dann den Gang der Tragödie aus.

---

[8]Die Seele ist hier in gut humanistischer Tradition als ein mittleres Vermögen zwischen Ich oder Geist und dem Körper oder Leib zu verstehen; vgl. dazu den *Doktor Faustus* von Thomas Mann, wo dies eine große Rolle spielt.

Kehren wir wieder zum Text zurück. Aschenbach ergreift also dankbar den ersten besten Strohhalm - den fehlgeleiteten Koffer -, der sich ihm darbietet, um seine Entscheidung zu revidieren: *Eine abenteuerliche Freude, eine unglaubliche Heiterkeit erschütterte von innen fast krampfhaft seine Brust.* Wieder ist es eine *Widrigkeit* Venedigs - *ein so gefügiges Missgeschick* -, die sich als *gut* erweist, die ihm den Weg weist und der Aschenbach sich jetzt - sein eigenes *unmittelbares* Wollen zurückstellend - hingibt. Es ist also weniger sein eigenes, aktives Wollen, das ihn in Venedig bleiben lässt, als eine Erfahrung, die ihm von außen entgegenkommt, und die er gewähren lässt.

Indem Aschenbach Venedig also gewähren und sich wie in der Gondel in seiner Üppigkeit fallen lässt, anstatt diese seinem selbstbezogenen Zweck dienstbar machen zu wollen, zeigt sich die Stadt auch prompt von ihrer heiter-prächtigen Seite: *Schaum vor dem Buge, drollig behend zwischen Gondeln und Dampfern lavierend, schoss das kleine, eilfertige Fahrzeug seinem Ziele zu ... Täuschte ihn übrigens die rasche Fahrt oder kam wirklich zum Überfluss der Wind nun dennoch vom Meere her?* Aschenbach hat so eine Erfahrung über *sich selbst* gemacht, über sein wahres, unter der ehrgeizigen Oberfläche ihm selbst verborgenes Selbst, *kopfschüttelnd unzufrieden über seinen Wankelmut, seine Unkenntnis der eigenen Wünsche,* - entgegen aller subjektivistischen Denkweise, wo das Ich, seine Zwecke und Bedürfnisse, umgekehrt immer das *Maß aller Dinge* sich aufspreizen. Es ist dies wohlgemerkt eine Unterscheidung, die das Ich der zweiten Unbefangenheit längst eingezogen hat: diejenige zwischen einer (subjektiven) *Kenntnis* und einer (objektiven) *Wirklichkeit* des eigenen Willens oder Ichs, einem oberflächlich erscheinenden und einem objektiven, unbewussten Wollen, dem Willen *an sich*, der ja aller Ethik unverzichtbar ist. Es ist eben das kritische Denken, was beides scheidet und aneinander misst, aber auch die Übereinstimmung beider Seiten *fordert*. Die zweite Unbefangenheit dagegen, als radikalisierte, aber sich selbst auflösende Kritik, ersetzt dies durch die Übereinstimmung mit sich selbst und die Elimination von allem objektiven Maß.

Nach der Entscheidung zum Abbruch des Abbruchs, also zum Bleiben, taucht auch Tadzio wieder auf und wird zunächst ganz beiläufig (innerlich) begrüßt: *»Sieh, Tadzio, da bist ja auch du wieder!« Aber im gleichen Augenblick fühlte er, wie der lässige Gruß vor der Wahrheit seines Herzens hinsank und verstummte* ... Seine Bedeutung scheint doch größer zu sein, als es die vorangegangenen Passagen erahnen ließen, denn Aschenbach *erkannte, dass ihm um Tadzios willen der Abschied so schwer geworden war.* Aschenbach hat erfahren, dass ihm diese naive, unreflektierte Schönheit wesentlich war, dass sie nicht einfach durch die zweite, reflektierte Unbefangenheit zu ersetzen ist, dass er auf jenes natürlich-ursprüngliche Moment der Schönheit bezogen ist, das nur passiv hingenommen, geliebt, bewundert, aber nicht *gemacht* werden kann. Der Meister ist jetzt bereit, dieses *sein* Anderes, diese Fremde, anzunehmen, einschließlich des damit verbundenen Negativen: *Dann hob er den Kopf und beschrieb mit beiden, schlaff über die Lehne des Sessels hinabhängenden Armen eine langsam drehende und hebende Bewegung, die Handflächen vorwärts kehrend, so, als deute er ein Öffnen und Ausbreiten der Arme an. Es war eine bereitwillig willkommen heißende, gelassen aufnehmende Gebärde.*

Viertes Kapitel

Im Rahmen des tragischen Schemas ist das Schicksal des Helden damit besiegelt, die Katastrophe, sein Tod unausweichlich. Aber dies liegt hier, wie gesagt, noch nicht am Tage, es muss sich erst noch heraus ans Licht wühlen. Es ist dies der *retardierende* Teil der Tragödie, in dem der Ausgangspunkt, das ursprüngliche Ich des Helden, bereits hinfällig und überwunden ist, und es gilt jetzt, den Sinn dieser Überwindung näher zu erforschen. Dies führt zunächst dahin, dass der tragische Gegensatz sich erst einmal beruhigt, ja sich scheinbar als ein ruhiges, unproblematisches, hier sogar heiter-lebendiges Wechselverhältnis zeigt, was das Kapitel denn auch als das *langweiligste* erscheinen lässt, - jedenfalls für den Leser, der durch einen furiosen Kampf des Guten mit dem Abgrund unterhalten werden will. Im fünften Teil wird dann allerdings der tragische Gegensatz mit Macht zurückkehren und sich zur *Katastrophe* wenden.

Es ist hier auch der passende Ort, eine Betrachtung über den *Erzähler* der Novelle einzuflechten. Dieser ist bekanntlich nicht identisch mit dem *Autor*, also mit Thomas Mann, sondern ein formaler Aspekt der Erzählung selbst. Die Ansichten und Kommentare des Erzählers sind daher auch durchaus nicht unmittelbar als Verlautbarungen des Meisters selbst zu lesen. Der Erzähler war bisher ganz unauffällig, hielt er sich doch in einem zwar wohlwollenden, aber unaufdringlichen Einverständnis mit der Hauptperson seines Berichts. Dies ändert sich von nun an, indem immer mehr der Ton einer dezenten, vielleicht auch leicht *ironischen*, aber eben doch ausdrücklichen *Missbilligung* der Umwendung von Aschenbachs Denk- und Handlungsweise durchdringt. Namentlich ist es die *Abwendung* von jener Meisterhaltung, die diesen bislang charakterisiert hatte, für die er recht despektierliche Ausdrücke findet; der Erzähler macht sich also dessen Wendung durchaus nicht selbst zu eigen, sondern hält diesen Standpunkt eisern fest. Oder formell gesprochen: Der tragische Untergang des Helden in seiner anfänglichen Bestimmung *soll* nach seiner Auffassung eigentlich *nicht sein*; er ist eine bloße Verirrung oder eine Krankheit, nichts das Meister-Ich als solches Tangierendes.

Davon darf man sich allerdings nicht in die Irre führen lassen, denn der Erzähler hat auch noch eine andere Seite, die *inhaltliche* nämlich. *Was* er mithin erzählt, ist dann oft genug von so einfühlsamer und sympathetischer Art, sodass man durchaus den Eindruck einer gewissen *Kontinuität* und eines nachvollziehbaren *Übergangs* vom ersten zum zweiten Aschenbach gibt, - nicht bloß bedauerliche, literarisch aber gleichgültige Demenzerscheinungen. Man muss daher in den beiden letzten Kapiteln immer darauf achthaben, ob der Erzähler hier seine eigene Sicht der Dinge gibt, oder ob er empathisch in die Welt Aschenbachs eintaucht. Der Erzähler akzentuiert somit den *Gegensatz* dieser beiden Welten, gewissermaßen als eine Art *basso continuo* aufseiten der *Form*, genau in dem Augenblick, da dieser Gegensatz *inhaltlich* sich in ein retardierendes Wohlgefallen aufzulösen scheint. Es gilt hier also, das kunstvolle Ineinander- und Gegeneinander von sympathetischem Mitschwingen und reflektierter Distanz, von Melodie und Bass, von Form und Inhalt, im Auge zu behalten.

Es reflektiert sich darin auch das Verhältnis von Allgemeinem und Einzelnem. Aschenbach hat sich aus dem Allgemeinen herausreflektiert, ist zum Individuum gereift, hat dem Allgemeinen eine besondere Gestalt verliehen. Für den Erzähler ist dies nur eine positive Kontinuität, für ihn geht es nur um die mustergültige, positive Verwirklichung und Sichtbarwerdung des Allgemeinen. Das darin auch ein Verlust liegt, dass solche Selbstverwirklichung auch ein Selbstverlust ist, dass damit auch der Gegensatz von Individuum und allgemeiner Grundlage entsteht, sieht und spürt er nicht. Oder, indem Gott Mensch wird, individuell und sichtbar wird, geht er eben auch den Weg nach Golgatha. Durch diese Tragik wird die Individualität dann wieder ins Allgemeine zurückgeführt.

Kehren wir wieder zurück zur Novelle. Die *Natur* zeigt sich nunmehr freundlich gegenüber Aschenbach und dieser lässt sie widerstandslos gewähren. Erst jetzt ist er eigentlich in Venedig angekommen, erst jetzt *packte er gründlich aus und füllte Schrank und Schubfächer mit dem Seinen, entschlossen zu vorläufig unabsehbarem Verweilen.* Was bedeutet dieses Ankommen und Verweilen, das ja eine unübersehbare Anspielung auf das faustische *Verweile-doch* darstellt? Es kann damit - wie gesagt - nicht das Streben nach einer *Überwindung* der fauligen Lagune (der zugrunde liegenden Natur) durch den Glanz Venedigs (ihres hehren Geistes) gemeint sein. Freilich droht jetzt das Missverständnis, als ob dies eigentlich eine *trauliche* Harmonie wäre, wenn man sie nur richtig betrachtet: *Welch ein Aufenthalt in der Tat, der die Reize eines gepflegten Badelebens an südlichem Strande* (die Natur, das Sinnliche) *mit der traulich bereiten Nähe der wunderlich-wundersamen Stadt* (das Geistige) *verbindet!*

Diese idyllische Stellung der Sache ist für Aschenbach ganz ungewohnt, denn sein Ethos war ja der Kampf, das Streben nach Leistung und Erfolg, immer höher, immer abstrakter, immer reiner: *Aschenbach liebte nicht den Genuss. Wann immer und wo es galt, zu feiern, der Ruhe zu pflegen, sich gute Tage zu machen, verlangte ihn bald - und namentlich in jüngeren Jahren war dies so gewesen - mit Unruhe und Widerwillen zurück in die hohe Mühsal, den heilig nüchternen Dienst seines Alltags.* In dieser High-Performance-Welt kann das Feiern immer nur das inhaltslose Feiern seiner selbst meinen, was sich nur den niederen Sphären des Amüsements ergehen kann und so gerade dem Erfolgsmenschen schnell langweilig wird. Rein als Zeit der Muße und der sinnlichen Vergegenwärtigung ist die Selbstfeier noch zu wenig selbstisch, noch zu statisch, leere Andacht und zu wenig Selbstbewegung, zu weinig Kampf und Gegensatz, als dass der ernstere und anspruchsvollere Geist da nicht in die *hohe Mühsal* der nüchternen Arbeit als des einzig und eigentlich Wesentlichen zurückstreben müsste. Niemals ist es das Feiern von *Etwas,* von etwas Anderem als dem reine Ich, seinem Erfolg nämlich: die Vergegenwärtigung der Übereinstimmung von Mensch und Welt, Subjekt und Objekt, der Bewegung des Menschen zu Gott (Opfer, Dank etc.)

und der des Gottes, des Objektiven zum Menschen (im Verzehren der Gaben).

Aschenbach fühlt sich nunmehr also ganz in Übereinstimmung mit dem Objektiven: *Nur dieser Ort verzauberte ihn, entspannte sein Wollen, machte ihn glücklich.* Und ausdrücklich weist der Erzähler auf die Veränderung gegenüber seinem alten Leben hin, auf das Fahrenlassen des Kämpfens: *Manchmal ... erinnerte er sich seines Landsitzes in den Bergen, der Stätte seines sommerlichen Ringens, wo die Wolken tief durch den Garten zogen, fürchterliche Gewitter am Abend das Licht des Hauses löschten und die Raben, die er fütterte, sich in den Wipfeln der Fichten schwangen.* Diese Welt war der Schauplatz jenes finster dualistischen Kampfes von Licht und Finsternis, von Zivilisation und Natur, von Gut und Böse, von Leistung und Ermattung. Es war dies nicht der Dualismus im Sinne des Orients, der beide Seiten auf ewig miteinander kämpfen und so auch *bestehen* lässt, um sie schließlich im nur Unerforschlichen zu vereinigen; es war vielmehr der Kampf im modernen Sinne, der auf den nachhaltigen Sieg der einen Seite, des Guten natürlich ausgeht, in unendlicher Annäherung zumindest. Dagegen sieht sich der Meisterdichter jetzt *entrückt ins elysische Land, an die Grenzen der Erde, wo leichtestes Leben den Menschen beschert ist, wo nicht Schnee ist und Winter noch Sturm und strömender Regen, sondern immer sanft kühlenden Anhauch Okeanos aufsteigen lässt und in seliger Muße die Tage verrinnen, mühelos, kampflos und ganz nur der Sonne und ihren Festen geweiht.* Er sieht sich also jetzt zurückversetzt in das liebliche Griechenland mit seiner schönen Einheit von Seele und Leib, dem ursprünglich-klassischen Prinzip westlich-europäischer Gesittung, wo Sinn und Sinnlichkeit anmutig sich die Hand reichen, Maß und Besonnenheit sowohl die obige prosaische Nüchternheit wie den korrelativen gehaltlosen Rausch obsolet machen. Auch von hier aus wird noch einmal deutlich, warum Aschenbach *weder* zurückreisen - und sein *Ringen* fortsetzen - *noch* einfach in Venedig denselben Kampf weiterführen konnte: weil zwischen diesen Gegensätzen der Künstler, der alt-europäische nämlich, zerrieben worden wäre.

Allerdings ist durch diese enge Verbindung mit der Natur und ihren Gegebenheiten das Leben auch ein beschränktes, *ein beschränkter Raum, eine jedem gegebene Lebensordnung*, beherrscht und strukturiert eben durch den natürlichen Lauf der Sonne. Der Gegensatz zum kämpferisch-modernen Freiheitspathos, das sich davon emanzipiert hat, wird deutlich angesprochen: *Ja, diese Gebundenheit des Glückes, diese täglich-gleichmäßig wieder anbrechende Gunst der Umstände war es so recht, was ihn mit Zufriedenheit und Lebensfreude erfüllte*. Es ist dies eine Welt, in der es keine ernsthaften Zwecke gibt, *dies lieblich nichtige, müßig unstete Leben, das Spiel war und Ruhe* - wie auf dem Forum in Athen -, das für den späteren, gereifteren Menschen freilich etwas Kindliches, Unwirkliches hat, *ein Schlendern, Waten, Graben, Haschen, Lagern und Schwimmen, bewacht, berufen von den Frauen auf der Plattform* ...

Was ist es eigentlich, was diese Unwirklichkeit oder Kindlichkeit ausmacht? Der nächste Abschnitt nähert sich der Frage etwas bestimmter an, nunmehr unter massiver Bezugnahme auf antike Philosopheme. Aschenbach ist voll *Bewunderung* für die so sinnlich sich darstellende Schönheit *dieses so gehobenen, so frei sich darstellenden Körpers*. Die *Freiheit* meint hier einerseits, dieses Durch-sich-selbst-Bestimmtsein, das Sichentfalten und Durchdringen der Natur ganz nach dem eigenen Gesetz, wie wir es oben von Schiller gehört hatten, ohne fremdartigen Eingriff. *Welch eine Zucht, welche Präzision des Gedankens war ausgedrückt in diesem gestreckten und jugendlich vollkommenen Leibe!* Zum anderen schwingt dann aber wohl auch eine gewisse Freiheit vom *Schamgefühl* mit, das sowohl die Kindlichkeit wie die alten Griechen, aber eben auch die *zweite* Unbefangenheit auszeichnet. Denn das Schamgefühl beruht auf dem Bewusstsein des Gegensatzes des Inneren und des Äußeren, der *bloßen* Natur, als etwas, was dem Inneren niemals adäquat sein kann, sodass geistiges und natürliches Verhältnis unter Menschen (Anziehungskraft, Sympathie etc.) stark abweichen können. Wo der unendliche *Gegensatz* von Ich und Natur noch nicht empfunden oder durch das Ich souverän kontrolliert wird, da kann das Schamgefühl nicht stark sein.

Mit dieser (ersten) Unbefangenheit sucht Aschenbach sich nun in Übereinstimmung zu setzen. Er *ist* oder *hat* sie nicht unmittelbar, ist nicht selbst in dieser Weise schön und vollkommen, aber er kann solche Schönheit aus sich *hervorbringen*, sie steht in seiner Macht: *Der strenge und reine Wille jedoch, der, dunkel tätig, dies göttliche Bildwerk ans Licht zu treiben vermocht hatte, war er nicht ihm, dem Künstler, bekannt und vertraut?* Der göttlich-unbefangene Geist und sein eigener, der sich doch eigentlich sehr weit von allem Ursprung und Urbild entfernt hat, sind sich jetzt ganz nahe und vertraut; alle Abgründigkeit von Schönheit und Wahrheit an sich und deren Reflexion ins Ich scheint hier verwunden. Der menschliche Wille orientiert sich scheinbar ganz unmittelbar am *objektiv Seienden*, das er nur abzubilden und *wiederzuspiegeln* hat: *Wirkte er nicht auch in ihm, wenn er, besonnener Leidenschaft voll, aus der Marmormasse der Sprache die schlanke Form befreite, die er im Geiste geschaut und die er als Standbild und Spiegel geistiger Schönheit den Menschen darstellte?* Auch Besonnenheit und Leidenschaft, eigentlich ein kaum zu vereinbarender Gegensatz, sind jetzt in eine bruchlose Einheit zusammengegangen.

Eine besondere Zuspitzung erfährt diese Vorstellung durch ein stark platonisierendes Verständnis des Begriffes der *Form*. Danach ist nämlich die *Form* oder die *Idee* das *An-sich* der Sache, ihr eigentliches, vollkommenes Sein; die materiellen Einzeldinge hingegen nicht Vermengungen mit einem (diabolisch-dualistischen) *Gegenprinzip*, also der *Materie*, sondern einfach nur *Einschränkungen*, *Abschattungen* oder *Privationen* des Vollkommenen, der Form. Das Sichtbare ist so nur eine *Verringerung* der eigentlichen Wirklichkeit, eine Vorstufe des *me on* (gr. Nicht-Sein), das im eigentlichen Sinne gar nicht *ist*, sondern nur im sinnlich-verworrenen Denken zu sein *scheint*. In diesem Sinne spricht der Erzähler von der *Form als Gottesgedanken, die eine und reine Vollkommenheit, die im Geiste lebt und von der ein menschliches Abbild und Gleichnis hier leicht und hold zur Anbetung aufgerichtet war*. Die Schönheit ist hier ganz objektiv, auf den Gedanken Gottes bezogen, aber immerhin liegt sie auch hier noch insofern *im Auge des Betrachters*, als eben das Auge diese nur eingeschränkt-sinnlich wahrzunehmen vermag, also im Sinne eines defizienten Modus, nicht einer schlichten Relativität. Daher kann der Betrachter dieser Beschränkung auch prinzipiell innewerden; indem er auf die Mangelhaftigkeit des Abbildes achtet, kann er sich davon befreien - letztlich auch von Auge und Schönheit - und den Aufstieg zur *Idee*, dem Urbild aller Dinge, antreten: Es gibt keinen Graben zwischen Subjekt und Objekt zu überwinden, es müssen nur die Einschränkungen, die verwirrenden Negationen, weggelassen werden, sodass das Sein rein an ihm selbst teilhaftig wird.

In dieser scheinbar so maßvoll-anmutigen Vorstellung will der Erzähler nun allerdings das Gegenteil sehen: *Das war der Rausch.* Wie ist dies nun zu verstehen? Wird nicht diese altgriechische Welt gewöhnlich als das Gegenteil des Maßlosen, des Exzesses, des Rauschs betrachtet? Der Punkt ist hier aber eben der, dass Aschenbach weder ein antiker Grieche noch ein Knabe noch wirklich naiv ist, sondern ein *vollreifer* - oder auch *über*reifer, ja in weiterem Sinn sogar: *moderner* Künstler ist. Schon Schiller hatte solche Regression als ganz unpassend verworfen: *Dichter von dieser naiven Gattung sind in einem künstlichen Weltalter nicht so recht mehr an ihrer Stelle. Auch sind sie in demselben kaum mehr möglich. ... Aus der Sozietät selbst können sie nie und nimmer hervorgehen; aber außerhalb derselben erscheinen sie noch zuweilen, ... als ungezogene Söhne der Natur, an denen man sich ärgert;* also etwa Hippies und andere Aussteiger. Schiller, über 125 Jahre älter als Thomas Mann, scheint noch keinen klaren Begriff einer *zweiten* Unbefangenheit gehabt zu haben, wo ja solch gewollte Naivität sehr wohl der Reflexion und der Sozietät selbst hervorgeht.

Hier aber ist es gerade der gesellschaftlich arrivierte Künstler selbst, der sich dem Rausch, dem Ausstieg aus dieser leistungszentrierten Rationalität hingibt, die so stolz auf ihren Fortschritt und ihr *Hinaus* über alle barbarische Ursprünglichkeit ist: *Unbedenklich*[9]*, ja gierig, hieß der alternde Künstler ihn willkommen. Un-*

---

[9]Im *Doktor Faustus* sucht dann ja der Teufel seinen Adepten zur *prangenden Unbedenklichkeit* zu überreden.

bedenklichkeit ist das Signum der *zweiten Unbefangenheit*, die ja die kritischen Bedenklichkeiten der unmittelbaren Reflexion hinter sich gelassen, die *Bedenkenträger* und *Moralapostel* nun selbst zum Gegenstand ihrer Kritik, vor allem ihres Spotts macht. Diese Reflexion der Reflexion scheint sich hier in Richtung eine neue Unmittelbarkeit aufzulösen, als ein Rückgang in unvordenkliche, eigentlich längst als barbarisch gebrandmarkte Traditionen. *Sein Geist kreiste, seine Bildung geriet ins Wallen, sein Gedächtnis warf uralte, seiner Jugend überlieferte und bis dahin niemals von eigenem Feuer belebte Gedanken auf.* Es sind also ausdrücklich keine übrig gebliebenen Residuen seiner Jugendzeit, es soll hier kein gestriges Idyll *konserviert* werden, an dem das Gefühl noch irgendwie *hängengeblieben* wäre, sondern es geht um den Rückgang im Sinne der zweiten Reflexion[10].

Zunächst meint dies hier, wie gesagt, den Rückgang in antik-platonische Vorstellungswelten, und dieser *Rückgang* hat den Sinn einer *Anamnesis* im Sinne Platons. Die Sonne *betäubt und bezaubert* den *Enthusiasmierten*, nämlich *Verstand und Gedächtnis* (also die Vermögen der Nüchternheit), *dass die Seele vor Vergnügen ihres eigentlichen Zustandes ganz vergesse und mit staunender Bewunderung an dem schönsten der besonnten Gegenstände hängen bleibe.* Der leere höchste Punkt einer mechanisch geordneten Welt, damit der Gegensatz von aktiver Formierung einer widerständigen, passiv-anarchischen Materie, scheint sich also in die makellose Plastizität antiker Weltsicht aufzulösen; die ontische Wahrheit scheint ganz sinnlich-handfest - *mit Hülfe eines Körpers* - auf, in Sicht- und Fühlweite gewissermaßen. Die Welt wandelt sich wieder zu einer ganz unmittelbar vom Geist erfüllten, ja zu einer anschaulich-bedeutsamen, sinnlich-sinnvollen, in fast mythologischer Weise: *Es war die alte Platane unfern den Mauern Athens*[11], *- war jener heilig-schattige, vom Dufte der Kirschbaumblüten er-*

---

[10] Also um das, was im Doktor Faustus *Rebarbarisierung* und *Vereinigung des Ältesten mit dem Neuesten* heißt.

[11] Auch Platons *Phaidros* spielt ja unter einer Platane.

füllte Ort, den Weihbilder und fromme Gaben schmückten zu Ehren der Nymphen und des Acheloos.

Die Gedanken Aschenbachs gehen denn auch darauf aus, sein eigenes Verhältnis zu dieser Welt oder zu dem Knaben im Sinne dieser antikisierenden Heiterkeit zu verstehen: *Auf dem Rasen aber ... lagerten zwei: ein Ältlicher und ein Junger, ein Hässlicher und ein Schöner, der Weise beim Liebenswürdigen.* Oder eben Sokrates (alias Platon) bei Phaidros; also nicht mehr das geradezu hasserfüllte Verhältnis der Ewigjungen zu aller Tradition. Auch den Gegensatz von alt und jung, von Reife und Unbefangenheit, den wir in den ersten Kapiteln ja als so problematisch kennengelernt haben, hebt sich zu reiner Beschaulichkeit oder eben in eine *Unbefangenheit* auf, wie man es auch heute noch bei Orientalen bemerken kann: *Und unter Artigkeiten und geistreich werbenden Scherzen belehrte Sokrates den Phaidros über Sehnsucht und Tugend.* Es ist dies ein heiteres Belehren und Zuhören, so harmonisch und einverständig, wie man es aus den Dialogen Platons, die reflektiert-reifes Denken öfters auch *verkappte Monologe* genannt hat, kennt: *Ja, mein Sokrates, aber gewiss, oh Sokrates ...*

Viele der nun folgenden Passagen sind fast wörtliche Zitate aus den Dialogen *Phaidros* und *Symposion*; sie referieren den Gedanken des Aufstiegs der im sinnlichen Schein befangenen Seele durch Liebe (Eros) und Schönheit zum Göttlich-Geistigen, zur Idee des Guten, als ihrer wahrhaften Heimat, derer sie sich *erinnert*, indem sie des Schönen ansichtig wird. Aschenbach steigt auch ganz in den mythisch-dichterisch-gedanklichen Duktus jener Erörterungen ein, in jenen fliegenden Wechsel von Bild und Gedanken, von Gegenwärtigem und Erinnertem, sodass man Mühe hat zu sehen, was denn nun eigentlich ernst gemeint ist. Es sind aber auf jeden Fall die Zentraltopoi antiken Denkens, die Ontologie, die Erkenntnistheorie, die Seelenlehre, die im Gewand dieser bunten, liebreizenden Bilder erscheinen und in diesen heiteren Passagen mitschwingen. Man kann daran auch sehr schön sehen, wie man die Dichtung Thomas Manns auf zweierlei Ebenen interpretieren kann, im Sinne der in der Einleitung dargestellten Methodik. Einmal kann man sich ganz an den Vordergrund halten, dann wird daraus eine *psychologische* Studie Aschenbachs; der Erzähler tut dies auch unübersehbar, wenn er von Rausch, Enthusiasmus, Betäubung, individuellen *Zuständen* also, handelt; auch die Frage nach den *Motiven* gehört auf diese Ebene. Dann aber kann man durch diese Ebene hindurch auf jene Ebene des *Reinen und Geistigen* blicken, auf jene *Logik* des Seins, seiner Reflexion in das reine Wesen, der Reflexion dieser Reflexion, auf die Logik jener metaphysischen Grundmotive, von Natürlichkeit, Innerlichkeit, Reife und Umkehr, so wie wir es im Vorstehenden immer wieder versucht haben. Natürlich wird hier keine volle gedankliche Exaktheit und Präzision gesucht, sondern eben der Gedanke durch die Bilder anvisiert.

Dieses bildhaft-geistreiche Denken kommt dabei vor allem auch der Kunst und dem Künstler entgegen und räumt diesen eine ganz zentrale Stellung ein, sodass Aschenbach sich gewissermaßen zu Hause, oder mehr noch, als *heimgekehrt*, fühlen darf: *Denn die Schönheit, mein Phaidros, nur sie, ist liebenswürdig und sichtbar zugleich: sie ist, merke das wohl! die einzige Form des Geistigen, welche wir sinnlich empfangen, sinnlich ertragen können. ... So ist die Schönheit der Weg des Fühlenden zum Geiste, - nur der Weg, ein Mittel nur, kleiner Phaidros* ... Offenbar spricht Aschenbach hier gegen die direkte Apotheose der Schönheit mit dem Vorwurf des *Heidentums* oder des *Ästhetizismus* im Gefolge. Die Schönheit ist zwar nicht *mehr*, aber eben auch *nicht weniger* als *ein* Weg und Mittel zum *Göttlichen*, das hier nicht in bildlos-schroffer Ferne verharrt, unnahbar, wandellos, unerforschlich, sondern in der Welt, in den Bildern lebt und gegenwärtig ist.

Der Erzähler scheint freilich auch ein paar falsche Töne in den lieblichen Vortrag Aschenbachs eingestreut zu haben. An mehreren Stellen lässt er durchblicken, dass er dem gewandelten Aschenbach einen egozentrischen Hochmut vorwirft; die Fraternisierung mit der Unbefangenheit wäre nur eine Selbsttäuschung des (in Wahrheit) *Einsamen*. Die nun folgende ziemlich dunkle Passage bildet dazu den Auftakt: *Und dann sprach er das Feinste aus, der verschlagene Hofmacher* (aus Sicht des Erzählers!):

Dies, dass der Liebende göttlicher sei, als der Geliebte, weil in jenem der Gott sei, nicht aber im andern, - diesen zärtlichsten, spöttischsten Gedanken vielleicht, der jemals gedacht ward, und dem alle Schalkheit und heimlichste Wollust der Sehnsucht entspringt. Der Gedanke ist zwar dem *Symposion* entnommen, ist dort aber von Phaidros weder spöttisch noch zärtlich gemeint, sondern kommt recht beiläufig als Homerdeutung daher. *Dass der Liebende göttlicher sei, als der Geliebte, weil in jenem der Gott sei, nicht aber im andern,* wird schließlich - im eigentlich verbindlichen - Vortrag von Sokrates sogar *ausdrücklich verneint.* Der Erzähler - und mit ihm das verteidigte Meister-Ich scheint es nicht sehr gut mit der *Sehnsucht* (nach dem Anderen, dem Sinnlichen) zu meinen; weiter unten werden wir dazu weitere Aufklärung erfahren.

Eine schwärmerische Erneuerung antiker Motive beinhaltet dann auch die nächste Wendung, die auf das abzielt, was in der Philosophie die intellektuelle Anschauung oder Wesensschau heißt: Glück des Schriftstellers ist der Gedanke, der ganz Gefühl, ist das Gefühl, das ganz Gedanke zu werden vermag. *Solch ein pulsender* (also sinnlicher) *Gedanke, solch genaues* (klar und deutlich wie der Gedanke) *Gefühl gehörte und gehorchte dem Einsamen damals: nämlich, dass die Natur vor Wonne erschaure, wenn der Geist sich huldigend vor der Schönheit neige.* Intendiert ist das nahtlose Auf- und Übergehen des einen im anderen, von Gedanke und Anschauung, Empfindung, Gefühl; also gegen die Dominanz des subjektiven Zwecks, des Interesses der Weltbemächtigung gerichtet. Die Schönheit wird so ganz unmittelbar zur Vorlage des Denkens; das *sinnlich* Schöne verlangt gewissermaßen von selbst nach einer gedanklichen Antwort, einem Echo des Anderen, nach literarischer Produktion, um zum *geistig* Schönen, ja zum Gedanken zu werden. Dieser wendet Aschenbach sich also jetzt kurzzeitig zu: *Und zwar ging sein Verlangen dahin, in Tadzios Gegenwart zu arbeiten, beim Schreiben den Wuchs des Knaben zum Muster zu nehmen, seinen Stil den Linien dieses Körpers folgen zu lassen, der ihm göttlich schien, und seine Schönheit ins Geistige zu tragen.* Alles Negative, aller Gegensatz, alle Inkompatibilität, alle Krisis (Scheidung/Kritik!) von Denken und Sinnlichkeit ist hier verschwunden; freilich reicht dieser Enthusiasmus dann auch nur für *anderthalb Seiten*, wenn auch *erlesenster Prosa*. Der Erzähler lässt dann allerdings mit der Rede von der Ausschweifung ein durchaus weniger helles Licht auf diesen Geniestreich fallen: Es scheint sich danach nur um ein Produkt des Rausches, um bloße Schwärmerei zu handeln.

Das Sokrates/Phaidros-Verhältnis gehört wohlgemerkt nur Aschenbachs innerem Monolog an; in der Realität ist überhaupt nichts passiert, kein wirklicher Kontakt, keine direkte Ansprache. Der Erzähler missbilligt dies als Gralshüter der meisterlichen Realitätstüchtigkeit entschieden als Flucht vor der Wirklichkeit: *Allein es war wohl an dem, dass der Alternde die Ernüchterung nicht wollte, dass der Rausch ihm zu teuer war.* Gleich darauf legt er freilich wieder ein erstaunliches Verständnis für Aschenbachs Seelenlage an den Tag. Natürlich ist es dem Künstler um den schönen Schein zu tun, nicht um das unmittelbare Dasein, um den Handlungserfolg in der Wirklichkeit, um pragmatisch-banausische Disziplinierung an den Realitäten des Lebens, um dann jenseits davon in den Genuss des Geldes, zur puren Lust und Freiheit zu gelangen. Das Künstlertum ist in gewisser Weise eine Verschmelzung dieser in der pragmatischen Welt streng getrennten Aspekte von Disziplin und Freiheit: *Wer enträtselt Wesen und Gepräge des Künstlertums! Wer begreift die tiefe Instinktverschmelzung von Zucht und Zügellosigkeit, worin es beruht!* Es ist eben beides ineins, das eine *durch* das andere, einander wechselseitig tragend und befördernd, nicht die sklavische Unterordnung unter sogenannte Realitäten, auch nicht bloß die Verachtung jedes Tabus und allen Verstandes.

Aber ebenso ist auch die zweite Unbefangenheit als Reflexion der Reflexion eine derartige Einheit: Unterwerfung des bloßen Seins oder der Natur unter die Herrschaft des inneren Wesens, des Ichs, des Zwecks; aber ebenso auch die Befreiung davon, die wiederhergestellte Unbefangenheit (*Zügellosigkeit*), die aber gerade auf strengster Reflexion und damit strengster Disziplin (*Zucht*) beruht. Die Frage ist aber eben, ob in der Weise, wie wir diese zweite Unbefangenheit bisher kennengelernt haben, die wahre Unbefangenheit erreicht ist, eben die von Kunst und Geist. Der Erzähler ist hier natürlich skeptisch, er sieht darin *nur* die eine Seite: *Denn heilsame Ernüchterung nicht wollen zu können, ist Zügellosigkeit.* Der Gegensatz ist hier ganz unaufgelöst; wer sich aber permanent unter Kontrolle zu hat, sich im Dienste des *Heilsamen*, des *Zweckes*, zu disziplinieren weiß, wer immer genau im Vorhinein weiß, was dem Ich *nötig* ist, was es eigentlich *will*, - der hat eben zum sichersten Mittel gegriffen, um jener *tiefen Instinktverschmelzung* des Geistes prinzipiell aus dem Weg zu gehen.

Um die Natur diese Geistes und der Kunst also geht offenbar der hier. Fehlende *Selbstkritik* diagnostiziert der Erzähler, mithin einen Mangel an jener energischen *Selbstdisziplinierung*, die den jüngeren Aschenbach auf seinem Weg zur Kunst ausgezeichnet hatte, einen Mangel an Ausscheidung alles nicht durch das Ich Strukturierten und Regulierten, an Formung und Unterordnung des Fremden, Sinnlich-Natürlichen. Ja, Aschenbach wird sich offenbar selbst und der Kunst untreu, wird von fremden, objektiven Mächten, also letztlich von Krankheit und Schwäche übermannt, wenn er zu dieser Selbstkritik *nicht mehr in der Lage ist.*

Aschenbach aber dreht den Spieß einfach um und wendet sich ausdrücklich gegen dieses Verständnis von Kunst. Die abgeklärte Reflexion wendet sich nunmehr gegen die selbstdisziplinatorischen Forderungen der reinen Reflexion: *Der Geschmack, die geistige Verfassung seiner Jahre, Selbstachtung, Reife und späte Einfachheit machten ihn nicht geneigt, Beweggründe zu zergliedern und zu entscheiden, ob er aus Gewissen, ob aus Liederlichkeit und Schwäche sein Vorhaben nicht ausgeführt habe.* Ist hier von Schwäche die Rede? Nein, es geht um die *Reife*, eben die zweite Unbefangenheit, die mit *später Einfachheit* sich identifizieren will. Die Auflösung des Gegensatzes, an dem der Erzähler stur festhält, ist Aschenbachs Punkt: Die Zergliederung der geistigen Welt in *Gewissen*, in jene disziplinierte Würde des Ichs *einerseits*, und in die das Andere gewähren lassende *liederliche Schwäche* (des *Fleisches* gewissermaßen) *andererseits*, also der so unversöhnlich auftretende

Gegensatz von Subjekt und Objekt, verfällt den Mühlen der sich selbst dementierenden Kritik, scheint sich in die heitere Einheit von Form und Materie aufzulösen. Aber so wie der Erzähler in *bloßer* Zucht und asketischer Disziplin zu erstarren scheint, so geht es bei Aschenbach in die Richtung *bloßer* Zügellosigkeit und Liederlichkeit, - zur *Instinktverschmelzung* kommt es gerade nicht.

So schwankt denn auch Aschenbach selbst einigermaßen zwischen den Extremen. Er ist *verwirrt*; einerseits fürchtet er noch die *Lächerlichkeit*, anderseits scherzt er dann aber über diese Furcht, nennt sie *komisch-heilig*, also: *unreflektiert*. Die Furcht vor dem Verlust der hehren meisterlichen Souveränität schwindet gerade auf deren höchstem Punkt, auf dem diese über ihr Anderes ganz Meister geworden ist; ebenso daher der Antrieb, ein frei schweifendes Gefühl zu disziplinieren, zu rationalisieren und unter der Herrschaft des Ichs zu halten: *Er spielte, schwärmte und war viel zu hochmütig, um ein Gefühl zu fürchten.* Der Erzähler diagnostiziert solches einmal mehr als *Hochmut*; für den Gedanken der disziplinierten Souveränität ist hochmütig, wer so, wie er aus dem Ei gekrochen ist, als ein pures Sein, als fertiges Ich gelten will, also als partikulares, natürlich bestimmtes Ich, das seine *Natur* gerade nicht unter Kontrolle gebracht hat.

Während für den Erzähler die Disziplinlosigkeit als ein Rückschritt gegenüber der wahren Souveränität deutet, ist sie für Aschenbach deren eigentliche Pointe, ja ein Schritt darüber hinaus: *Schon überwachte er nicht mehr den Ablauf der Mußezeit, die er sich selber gewährt; der Gedanke an Heimkehr berührte ihn nicht einmal.* Stattdessen öffnet er sich vorbehaltlos dem Einfluss der Natur und dem Gefühl: *Die Sonne bräunte ihm Antlitz und Hände, der erregende Salzhauch stärkte ihn zum Gefühl.* Er empfindet jetzt *hochherzig-unwirtschaftlich*: die Absage an allen *Pragmatismus* und *Ökonomismus*, die der zweiten Unbefangenheit so selbstverständlich solange deren Spitze noch nicht erreicht ist. Die eigene Würde der Dinge, der Natur, des Salzhauches, wird jetzt hingenommen, wie er sich gibt, nicht von vornherein als bloßes Mittel auf ein maßgebendes Ich hin relativiert und austauschbar gemacht,;

die Natur berührt dieses Ich jetzt essenziell im Sinne der heidnisch-unmittelbaren Leib-Seele-Einheit. Aus Thomas Manns Formulierungen wird deutlich, dass Aschenbachs Wendung keine bloß *logisch-gedankliche* ist, sondern etwas mit realer Erfahrung, mit der Interaktion von Begriff und Sinnlichkeit zu tun hat.

Es geht also an dieser Stelle aber nicht um das Verschwinden des Ichs, der Reflexion, etwa im Sinne fernöstlicher Mystik, sondern um das des *Gegensatzes*, um die Entzweiung der Leib-Seele-Einheit. Daher kehren jetzt antike Vorstellungsweisen zurück, die schöne, plastische, ausdrucksvolle Einheit von Innerem und Äußerem, das Wesen erscheinend und sinnlich gegenwärtige: *ehemalige Gefühle, frühe, köstliche Drangsale des Herzens, die im strengen Dienst seines Lebens erstorben waren und nun so sonderbar gewandelt zurückkehrten.* Hierher gehört auch das mythologische Ineins von Sinn und Sinnlichkeit, eine unmittelbar bedeutsame, vom Geist durchdrungene Welt, worin das reine, erhabene Ich freilich nur eine verrückte, rauschhafte *Entstellung* und *Träumerei* sehen kann: *Eine heilig entstellte Welt voll panischen Lebens schloss den Berückten ein, und sein Herz träumte zarte Fabeln.*

Diese Welt ist es nun, für die der *Tadzio* nun im Besonderen steht. Dessen Kindlich- oder Jugendlichkeit wie auch seine Schönheit sind also kein Zufall, sondern aus dem Verhältnis der zweiten zur ersten Unbefangenheit gegeben. An ihm sieht Aschenbach diese heitere Welt wiedererstehen: *Mehrmals ... saß er auf einer Bank im Park, um Tadzio zuzuschauen, der sich, weiß gekleidet und farbig gegürtet, auf dem gewalzten Kiesplatz mit Ballspiel vergnügte, und Hyakinthos war es, den er zu sehen glaubte, und der sterben musste, weil zwei Götter ihn liebten.* Die Stelle zeigt denn auch, wie in dieser Welt dem unendlichen, tödlichen Gegensatz die Spitze genommen und als eine melancholisch-anmutige Geschichte umgebogen wird: ... *und die Blume, dem süßen Blute entsprossen, trug die Inschrift seiner unendlichen Klage ...*

Genau auf diesen unendlichen Gegensatz, der in der heiteren Szenerie verschwunden zu sein scheint, legt aber der Erzähler dann wieder den Finger. Aschenbach und Tadzio kennen sich immer noch nur vom Sehen; die mythisch-gehobene Welt des Älteren ist nur sein innerer Monolog. Es ist so insgesamt eine Sphäre, die die *wirkliche Handlung*, auch die dieser entsprechende exakte Erkenntnis der Tatsachen, nicht kennt. *Seltsamer, heikler ist nichts als das Verhältnis von Menschen, die sich nur mit den Augen kennen.* Warum? Es folgt eine Begründung, die den Gegensatz von Ego und Alter Ego in ein recht grelles Licht stellt: *Denn der Mensch liebt und ehrt den Menschen, solange er ihn nicht zu beurteilen vermag, und die Sehnsucht ist ein Erzeugnis mangelhafter Erkenntnis.* Der Mensch kann den Menschen nur ehren, solange der Abgrund zwischen Ich und Nicht-Ich, von Subjekt und Objekt, nicht grenzenlos wird, solange also beide noch Anteil an jener übergreifenden Einheit haben, für die das Göttliche oder die Liebe steht; wo die Erkenntnis zum pragmatischen Objektivieren der Welt durch ein reines Subjekt wird, da verliert das Objekt notwendig jene Ganzheit und Unteilbarkeit, die das Wort *Individualität* noch aufbewahrt enthält. Wo der Mensch dann primär exakt-vordergründig wahrgenommen wird, nach all seinen Ecken und Kanten, nach der ganzen Heterogenität und Gebrochenheit seiner Körperteile, nach der Banalität und Vorhersehbarkeit seines Tuns und Lassens, da hat jene Ganzheit der Person keine Wirklichkeit mehr, da wird sie zum Metaphysikum. Der Erzähler hält eben an diesem der Reflexion entsprungenen Gegensatz strikt fest und muss so jede übergreifende Einheit unter den Menschen oder das Gute (Wesenhafte, Ganze) im Menschen als bloß unscharfes Sehen verwerfen, wie wir dies ja bereits oben gefunden haben.

Etwas weiter unten folgt dann indirekt der Vorwurf des Narzisstischen, der hier die Verliebtheit in die eigene schöne *Äußerlichkeit* meint: das Strecken der Arme *nach dem Widerschein der eigenen Schönheit.* Das souveräne, reine Ich ist natürlich frei davon, denn es hat solche Natürlichkeit und Äußerlichkeit in die Wesenlosigkeit herabgedrückt, disponibel gemacht, und kann von daher auch dem *betörenden* Lächeln nachsagen, es sei *ein ganz wenig verzerrt von der Aussichtslosigkeit seines Trachtens, die holden*

Lippen seines Schattens zu küssen: Auf diese handfest-sinnliche Weise, unter Vermittlung von Äußerlichem, Fremdem, eine wirkliche, nämlich *reine* Selbstbeziehung erreichen zu wollen, ist eben nur *Torheit*.

Aschenbach ficht die Logik solch reiner Selbstbeziehung freilich nicht mehr an. Ein letzter Widerstand entringt sich ihm noch: *»Du darfst so nicht lächeln! Höre, man darf so niemandem lächeln!«* Dann ist dieses meisterhafte Ich überwältigt und bekennt *die stehende Formel der Sehnsucht*: *»Ich liebe dich!«* Eben jene Sehnsucht hatte der Erzähler ja ein paar Abschnitte weiter oben so nassforsch als einen *Mangel an Erkenntnis*, als Vernarrtheit in eine narzisstische Selbstgefälligkeit (also selbst eine solche) abgekanzelt, nämlich vom Standpunkt der reinen Reflexion aus: Eben darum ist die Formel *unmöglich hier, absurd, verworfen, lächerlich*. Aber indem diese Reflexion sich hier in die heitere, geistig-sinnliche Entsprechung von Innerem und Äußerem, von Ego und Alter Ego, von Subjekt und Objekt, auflöst, ist sie *heilig doch, ehrwürdig auch hier noch*.

FÜNFTES KAPITEL

Im vorigen Kapitel hatte sich Venedig von seiner Schokoladenseite gezeigt. Ebenso waren Kampf und Gegensatz scheinbar ganz aus Aschenbachs Leben gewichen; nur eine ferne Erinnerung war davon geblieben. Im Grunde spielte das Kapitel gar nicht in Italien, sondern im fernen (örtlich wie zeitlich betrachtet) Griechenland, vor den Toren Athens. Auch der die Novelle tragende Gegensatz von Reife und Naivität, von alt und jung, von Reflexion und Natur, hatte sich in ein liebevolles Wechselverhältnis aufgelöst; die beiden Seiten und ihr Gegensatz waren zu freundlich-befruchtenden Aspekten ein und derselben substanziellen Wirklichkeit, der sie tragende Mitte oder Beziehung, also der Liebe oder der Schönheit herabgesunken. Im Grunde hatte sich alles in Wohlgefallen aufgelöst, die *zweite* Unbefangenheit hatte sich mit der *ersten* zusammengeschlossen, allen Unkenrufen des Erzählers zum Trotz. Ein sentimentaler Autor hätte hier als die Novelle mit einem Happy End schließen können; und beim Publikum wäre das sicher gut angekommen.

Aber eine Kunst, der es um die gestalthafte Darstellung der Wahrheit zu tun ist, und nicht darum, irgendwelche Gefühle beim Publikum zu erregen[12], kann dabei nicht stehen bleiben wollen. Nicht deshalb, weil der Erzähler mit seiner asketischen Disziplin einfach doch recht hätte; zu dieser kehrt Aschenbach ja nicht zurück. Es geht vielmehr darum, was diese Rückkehr der zweiten zur ersten Unbefangenheit *wirklich* meint, um den Kreislauf des Lebens, um Wachsen, Entfaltung, Reife und Tod.

Die Szenerie ändert sich also nun mit einem Schlag, und wir werden zu sehen haben, worin die äußere Widerspiegelung jenes Umschlags - das scheinbar zufällige Hervorbrechen des *Übels* (also der Cholera) in der Lieblichkeit Venedigs - ihren tie-

---

[12]Auch der Erzähler liebt es ja, Aschenbachs liebliches Verhältnis zu Tadzio in das mechanische Verhältnis von *Ursache* und *Wirkung* zu übersetzen: *Wirkte so die Anziehung, die Faszination eines überlegenen Gefühls auf seinen zarten und gedankenlosen Gegenstand?*

feren Grund hat. Das Übel kommt zunächst von außen als *unheimlicher* Einbruch in die scheinbar so heitere Welt. In der *Außenwelt* trieb es schon länger sein Unwesen, jene Fäulnis Venedigs, die bisher eine eher passive Randbedingung war, nunmehr aber eine aggressive Zuspitzung durch die Seuche erfährt. Das liebliche Verhältnis Aschenbach ist also nicht die ganze, allumfassende Wahrheit, sondern sie hat eine *Außenwelt*, ein Jenseits ihrer, dem jenes Verhältnis nicht gerecht wird. Dieses jenseits wird sich nun geltend machen.

Die *nähere* Außenwelt, also die Hotelgesellschaft, dünnt schon aus, wird fremdartiger, unvertrauter, *als ob die deutsche Sprache um ihn her versiege und verstumme, sodass bei Tisch und am Strand endlich nur noch fremde Laute sein Ohr trafen.* Die im vierten Kapitel scheinbar überwundene *Fremdartigkeit* meldet sich zurück. Die Abwesenheit des Negativen erscheint nun mehr als problematisch, als Produkt einer *verdächtigen Reinlichkeit,* einer reflektiertgewollten, aber versteckten und verleugneten Negation von *Elend und Wunden*, also eben des Negativen: *Die beschönigende Natur des Erlasses* (der nur von *gewissen Erkrankungen des gastrischen Systems* wissen will) *war deutlich.* Diese Beschönigung ist das Prinzip dieser Welt, sie wird von allen mitgetragen: *Eine Verfügung der Polizei, die man billigen muss ...*

Die Vorgänge der Außenwelt scheinen allerdings eine Parallele in Aschenbachs Innenwelt zu finden, denn er empfindet eine dunkle Sympathie mit jenen. Worauf beruht nun diese? Warum verschmilzt *dieses schlimme Geheimnis der Stadt ... mit seinem eigensten Geheimnis?* Was ist Aschenbachs verborgene Negativität, die er zu bemänteln hätte? Was beschönigt, negiert er? Die Erklärung, die der Erzähler auf eigene Rechnung gibt, muss man nicht für bare Münze nehmen: *Denn der Leidenschaft ist, wie dem Verbrechen, die gesicherte Ordnung und Wohlfahrt des Alltags nicht gemäß, und jede Lockerung des bürgerlichen Gefüges, jede Verwirrung und Heimsuchung der Welt muss ihr willkommen sein, weil sie ihren Vorteil dabei zu finden unbestimmt hoffen kann.* Es ist dies natürlich ganz in den Kategorien des souveränen Ichs gedacht: *Ordnung, Sicherheit, Zweckmäßigkeit, Vorteil,* die undisziplinierte *Leidenschaft*, also die Leidenschaft, die Sinnlichkeit *überhaupt*, als das zu kontrollierende und zu kanalisierende Phänomen. Aus der eigenen Disziplinlosigkeit folgt die Sympathie mit der allgemeinen, sagt er achselzuckend, womit die Sache wieder in sein gut-bürgerliches Weltbild integriert ist.

Für Aschenbach aber ist dies vorbei und abgetan; so ist es denn ein Einwurf, der von ihm gänzlich fremden Voraussetzungen ausgeht, ihn also nichts angehen kann. Er lebt in der Welt Tadzio-Griechenlands, nirgendwo anders: *Denn der Verliebte besorgte nichts, als dass Tadzio abreisen könnte, und erkannte nicht ohne Entsetzen, dass er nicht mehr zu leben wissen werde, wenn das geschähe.* Wieder scheint in diese Welt die Außenwelt hinein, als Möglichkeit der Abreise. Er muss also das Band enger schnüren, um jenem möglichen Einbruch der Außenwelt entgegenzuwirken: *Neuerdings begnügte er sich nicht damit, Nähe und Anblick des Schönen der Tagesregel und dem Glücke zu danken; er verfolgte ihn, er stellte ihm nach.* Gerade dies aber, die *Hingabe* an die Tagesregel und das Glück, das Leben im Rhythmus der Natur, die schöne, *von sich aus* einander zuneigende Verhältnis der Pole, war oben als Kennzeichen von Aschenbachs neuer Welt angegeben worden. Diese erweist sich aber jetzt als etwas Gemachtes, als etwas von der Reflexion energisch *Verfolgtes*, als etwas der Disziplin Bedürftiges. Noch tiefer gedacht heißt dies, dass die Tadzio-Griechenseligkeit Aschenbach eine durchaus reflektierte ist, dass sie der Negation jenes versteinerten Ichs entsprungen ist; dass sie durchaus nicht naiv und unbefangen war wie eben Tadzio, - vielmehr das pure *Gegenteil* davon. Während dieser nämlich in *San Marco*, also in der Kirche, *über ein Betpult gebeugt* seinen Gottesdienst verrichtet, mithin im Sinne naiver Religiosität und Hingabe sich in das Göttliche vertieft, hat Aschenbach nur sein höchst artifizielles Schönheitsideal im Sinn. Was sich aber solchermaßen der Reflexion verdankt, das muss sich auflösen, wenn diese in Lieblichkeit und Naivität verschwinden wollte. Aschenbar hat vergessen, dass der Wahrheit und dem Geist als der Einheit von Zucht und Zuchtlosigkeit das Moment der Reflexion und der Disziplin nicht einfach amputiert werden kann, dass es gerade seiner Alterslieblichkeit *wesentlich* ist.

Die folgenden Passagen entfalten diesen Gegensatz weiter. Aschenbach *versteckt* sich, *legt sich auf die Lauer*, folgt dem Schönen *verstohlen*, - alles das Gegenteil heiterer Unbefangenheit auf dem Forum zu Athen; im vierten Kapitel konnte davon noch keine Rede sein. Der Erzähler sieht hier natürlich nur das nackte Böse selbst sein Haupt erheben, die schiere Unvernunft, welche natürlich kein Ich und keinen eigenen Willen mehr hat, sondern nur fremdgesteuert durch die reine Sinnlichkeit sein kann: *Haupt und Herz waren ihm trunken, und seine Schritte folgten den Weisungen des Dämons, dem es Lust ist, des Menschen Vernunft und Würde unter seine Füße zu treten.* Wäre es mit jener sich aufspreizenden Vernunft und Würde so weit her gewesen, so hätte Aschenbach natürlich niemals den Ruf Fausts eingestimmt: *Flieh! auf! hinaus ins weite Land!* Aschenbach kann nicht zurückkehren, *gerade* wenn er bei Vernunft bleiben will: Die Unwahrheit dieser leeren Disziplin hatte die Krisis im dritten Kapitel bereits erwiesen und sie wird im Folgenden auch nicht zurückgenommen.

Aschenbach muss also weitergehen, muss seinem Weg folgen, auch wenn dieser ihn nur in neue Gegensätze und Widersprüche, ja in die Tragödie führen sollte. Diese Widersprüche sind freilich nicht zu übersehen, bei ihm und bei Stadt, so etwa wenn *mit der spitzbübischen Erbötigkeit eines Gelegenheitsmachers* versichert wird, dass er *gewissenhaft bedient werden* soll; oder wenn er in der Gondel *in weiche, schwarze Kissen gelehnt*, also im Inbegriff der *Sorglosigkeit* (siehe oben) der anderen Gondel hinterhereilt, in *Kummer und Unruhe* um deren Verlust. Die *schöne Unbefangenheit* ist nur *durch schlaue Manöver, durch rasche Querfahrten und Abkürzungen ... wieder vor Augen zu bringen.* Aufseiten *Venedigs* treten die Widersprüche dann etwa in Gestalt des Altertumshändlers, der *mit kriecherischen Gebärden* ihn *zum Aufenthalt einlädt, in der Hoffnung, ihn zu betrügen;* Altertum, Demut und Betrug, inszenierter Schein, scheinen so nahe beieinanderzuliegen. Wie denn in Venedig der schöne, kunstvolle Schein und ihr innerer Zustand auseinanderfallen und der Schein ein ganz profaner zu sein scheint, so ist es auch mit Aschenbachs Antikenseligkeit bestellt: *Er erinnerte sich auch, dass die Stadt krank sei und es aus Gewinnsucht verheimliche, und er spähte ungezügelter aus nach der voranschwebenden Gondel.*

Die liebliche Positivität verdankte sich der reflektierten Negation des Negativen. Das ist nun zwar der Begriff der zweiten Unbefangenheit von Anbeginn gewesen, so wie er etwa im zweiten Kapitel ausdrücklich vorgestellt und im vierten Kapitel realisiert wurde. Jetzt wird der Finger darauf gelegt, dass das Negative darin nicht einfach verschwunden und vergessen sein kann, sondern dass es ein wesentlicher Bestandteil ist, der nur um den Preis der Unwahrheit weggelassen werden kann[13]. Wenn es *Reife* und *späte Einfachheit* waren, die es ihm erlaubten, über gewisse klassische, allerdings mühselige Gegensätze, vornehmlich den von Subjektivität (*Liederlichkeit*) und Objektivität (*Gewissen*), hinwegzusehen, so müssen diese sich wieder geltend machen, wenn die reflektierte Reife sich mit der wirklichen Naivität ineins setzen will. Allerdings kehren sie nicht einfach wieder, so wie sie waren, sondern verwandelt, denn der Gang der Entwicklung wird nicht einfach zurückgedreht. Die Einheit von reiner Reflexion und naivem Sein löst sich nicht auf, aber sie wird tumultarisch und destruktiv für die beiden Seiten, die in eine chaotisch-ungegliederte Mitte zusammenfallen.

Man muss sich also auch hier davor hüten, Aschenbachs Verhalten und sein weiteres Schicksal einfach als eine Verrücktheit, eine belanglose Altersnarretei abtun zu wollen, auch wenn der Erzähler scheinbar gerade darauf auszugehen scheint. Immer drastischer werden hier im fünften Kapitel seine despektierlichen Vokabeln für Aschenbach, vom *Verwirrten, Starrsinnigen, am Narrenseile geleitet*, der *die Vernunft überschreitend* sich Rausch

---

[13]Oder ins Religiöse übersetzt: Auch wenn Christus vom Tode auferstanden und der Mensch von der Sünde erlöst ist, so kann das Kreuz und die Sünde doch nicht einfach als *graue Vorzeit* abgetan und bloß noch das *Heil* gefeiert werden.

(der Anti-Vernunft), Gefühl und Sinnlichkeit in die Arme wirft, ist da die Rede. Der pure Irrsinn macht schließlich noch keine Literatur. Das weiß natürlich auch der Autor, und so lässt er jetzt eine Passage folgen, die auf die Kontinuität in Aschenbachs Entwicklung reflektiert: *Dennoch fehlte es nicht an Augenblicken des Innehaltens und der halben Besinnung.* Die *halbe* Besinnung ist wohl vom Standpunkt des Erzählers aus gesprochen, weil Aschenbach zwar wohl auf den Zusammenhang seiner gegenwärtigen Haltung mit der *haltungsvollen Strenge, der anständigen Männlichkeit* seiner Vorfahren (und seiner eigenen meisterlichen Vergangenheit) reflektiert, aber eben nicht in dem Sinne, dass er jenes sich nüchtern denkende Ich zum Maß der Dinge erhebt und daran gemessen dann seine exaltierte Gegenwart einfach verwirft.

Aschenbachs Rekurs auf seine Herkunft will sich ganz im Gegenteil deren *Zustimmung, ihrer Genugtuung, ihrer notgedrungenen Achtung im Geiste versichern;* er will durchaus in Übereinstimmung und Konsequenz mit dem Ausgangspunkt der Tragödie stehen, wiewohl ihm die Distanz, ja der *krasse Gegensatz* deutlich vor Augen steht: *Auf welchen Wegen! dachte er dann mit Bestürzung.* Solche Übereinstimmung und Konsequenz ist natürlich nur mithilfe des Entwicklungsgedankens verständlich, der eben nicht nur die Identität des sich Entwickelnden, sondern auch den Unterschied und die Veränderung beinhaltet. Dieser Entwicklungsgedanke und seine Dynamik sind natürlich besonders der Kunst, besonders der Novelle und dem Roman eigen, während das abstrakte Denken, das eben immer nur das Identische herausabstrahieren und fixieren will, sich naturgemäß schwer damit tut.

Es fragt sich somit, wie mit der strengen Disziplin seiner Altvorderen seine eigenen *so exotischen Ausschweifungen des Gefühls* zusammenhängen. Schon sein Künstlertum bildet hier eine unübersehbare Abweichung: *Aber freilich, was hätten sie zu seinem ganzen Leben gesagt, das von dem ihren so bis zur Entartung abgewichen war?* Allerdings kann er diese Differenz ins Unwesentliche abschieben, indem er einen sehr speziellen, ganz auf die Disziplin orientierten Begriff der *Kunst* in Anschlag bringt: *Auch er hatte gedient, auch er sich in harter Zucht geübt, ... denn die Kunst war ein Krieg, ein aufreibender Kampf, für welchen man heute nicht lange taugte.* Mit der platonisch-heiteren Kunst des vierten Kapitels und deren *Zuchtlosigkeit* ist das natürlich kaum zu vereinbaren; außer man wollte - wie es hier im fünften Kapitel in der Tat geschieht - auf dem Grunde der *zweiten* heiteren Unbefangenheit die *Reflexion* ausfindig machen, also dem reinen, in sich reflektierten Ich sein Moment des passiven Seins aufzeigen. Dann könnte es allerdings so *scheinen, als sei der Eros, der sich seiner bemeistert* (die Zuchtlosigkeit), *einem solchen Leben* (der Disziplin) *auf irgendeine Weise besonders gemäß und geneigt.* Bemerkenswerterweise ist es hier *nicht* der Meister, der sich (aktiv) der Kunst bemeistert, sondern *umgekehrt*: Der Eros bemeistert sich des Meisters. Oder sollte dies hier ein sinnloser Gegensatz sein, wo sich im Grunde bereits beide Richtungen als unvermeidlich erwiesen haben, im Sinne einer *tragischen Ausweglosigkeit*? Sollte es vielleicht heißen, dass *indem* der Meister sich der Kunst bemeistert, diese umgekehrt sich des Meisters bemeistert? Also eine Wechselbeziehung, indem das Bemeistern in *beide* Richtungen verläuft, nicht nur in die eine Richtung, die der stoische Erzähler mit seiner leblos-leeren Würde so hartnäckig insinuieren will? Freilich müsste es dann auch ein Zugrundegehen in *beide* Richtungen geben, etwa in der Weise, dass indem der Eros im Abgrund des meisterlichen Ichs verschwindet, dieses Ich im Abgrund des Eros sich auflöst.

Eine solche Wechselbeziehung scheint dann durchaus in dem Satz zu liegen, der explizit gerade das starke, kriegerische Ich mit der Hingabe an den Eros in Verbindung bringt: *Zahlreiche Kriegshelden der Vorzeit hatten willig sein Joch getragen, denn gar keine Erniedrigung galt, die der Gott verhängte.* Es ist hier ausdrücklich von *Joch* und *Erniedrigung* die Rede! Die Wechselbeziehung wäre also keine identisch-statische, die immer auf einem gewissen Level der Lieblichkeit verweilt, sondern eine gegenläufige Dynamik von Erniedrigung und Erhebung oder von Kreuz und Auferstehung, mythologisch ausgedrückt.

Weiter heißt es denn auch, dass innerhalb dieser Wechselbeziehung, die nunmehr als *Liebe* benannt wird, der Gegensatz von Ich und Hingabe, von Stärke und Schwäche, gar keiner mehr ist: *Taten, die als Merkmale der Feigheit wären gescholten worden, wenn sie um anderer Zwecke willen geschehen wären: Fußfälle, Schwüre, inständige Bitten und sklavisches Wesen, solche gereichten dem Liebenden nicht zur Schande, sondern er erntete vielmehr noch Lob dafür.* Wir sehen hier einen Begriff der Vernunft aufscheinen, der jenseits der herrischen Dichotomie steht, die uns der würdevolle Erzähler im Namen seines hehren Leistungsethos als Nonplusultra nahelegen will. Für ihn kann solches nur die Denkweise eines Narren sein: *So war des Betörten Denkweise bestimmt, so suchte er sich zu stützen, seine Würde zu wahren.* Seine *Würde* wäre ja nämlich darin *aufgehoben*, dass jenes souveräne Ich in der Tat als bloß eine Seite jener Wechselbeziehung erhalten und so nicht *frei* von aller *Erniedrigung* wäre. Es wäre nicht mehr der höchste apriorische Punkt, auf den hin aller Verstandesgebrauch zu orientieren wäre, als *maître et possesseur* allen Seins, sondern als ein Glied einer Relation, zweier Pole, die sich wechselseitig negieren *und* affirmieren; ähnlich eben, wie in alten Geschichten Gott und Mensch aufeinander bezogen sind.

So muss man denn auch gar nicht bis zur Eros-Verehrung grauer Vorzeiten ausgreifen; man kann ein solches Wechselverhältnis auch direkt bei Aschenbachs Vorfahren finden. Denn die waren ja doch wohl brave Protestanten, die im Geiste Luthers gedacht haben, der jene Wechselbestimmung in die bekannten Worte fasst: *Der Christenmensch ist ein freier Herr über alle Dinge und niemand untertan - Der Christenmensch ist ein dienstbarer Knecht aller Dinge und jedermann untertan*[14]. Natürlich ist dann auch das Verhältnis zu Gott entsprechend zu denken, und der Unterschied des christlichen Gottes zu Eros kann in diesem Zusammenhang vernachlässigt werden. Allerdings ist solcher Protestantismus weit weg, der Bußtag längst abgeschafft und in den Dienst der Optimierung der Wirtschaftsleistung, einer guten Sache

---

[14]*M. Luther, Die Freiheit eines Christenmenschen.*

mithin, gestellt; auch bei den Vorfahren Aschenbach ist wenig zu sehen von *Fußfällen* und *inständigen Bitten*, wohl aber von Stolz auf die eigene bürgerliche Tugend. Auch diese Bürgerlichkeit selbst wird dadurch zweideutig; in ihrer Spannweite von einem geistig-kulturellen Ideal bis hin zur abstrakten Freiheit und Stiernackigkeit des Marktsubjekts hat sie ja den Kaufmannssohn Thomas Mann selbst seit *Buddenbrooks* und *Tonio Kröger* immer wieder beschäftigt. Auch an die Zweideutigkeit des Begriffs des *Meisters* kann noch erinnert werden, vom modernen Champion oder nachhaltigen Techniker bis zu jenem altehrwürdigen Institut, dem *Richard Wagner* in den *Meistersingern* ein Denkmal gesetzt hat.

Die Wechselbeziehung, von der hier die Rede ist, meint also ein *Wesen*, das nur durch seine eigene Negation, durch seine Hingabe an ein *fremdes* Wesen, und die Rückkehr daraus, *es selbst* ist. Damit hat sie nun allerdings eine gewisse Ähnlichkeit mit der Zweck-Mittel-Beziehung, dem *Opfer* für einen vorgegebenen Zweck, also einer kruden Investition; nur dass eben bei Letzterer das Mittel durchaus *wesenlos*, etwas dem Zweck ganz Äußerliches, Austauschbares ist. Zu groß ist daher die Versuchung zu einer Abkürzung, zur Um- und Übergehung oder wenigstens einer augenzwinkernden Sublimierung der Zwischenstation, des *Fußfalls* vor dem Fremden. Dieser wird dadurch zum mit Vorbedacht und zu günstigen Kosten erworbenen Ablassbrief, zur werbe- und steuerwirksamen Benefizveranstaltung, eben zu einem Punkt auf der Liste der Unkosten. Der Kreis wird dadurch zur schlicht erfolgsdienlichen *Selbstdisziplin*, und das Ergebnis ist dann wieder jenes meisterliche, aus der Beschränkung seiner selbst *wiedergeborene* Ich, das durch alle seine Negationen nur immer stärker wird; so wie der Konservative, der mit einer knappen Verbeugung vor dem Altar sich das Recht erkauft, nun ganz ausschließlich nach wirtschaftlichem Fortkommen streben zu dürfen. So ist denn auch der Christ nicht mehr unter *inständigem Bitten* um die eigene Erlösung besorgt, sondern allenfalls noch darum, wie den Anderen, Schwächeren, mehr Naturbehafteten, zu der eigenen Höhe und Reinheit verhelfen wäre, wie er, die Speerspitze der Befreiung der Welt von fremdem Übel die Zurückgebliebenen mit der Cleverness und Disziplin der Erfolgreichen beglücken könnte. Das Evangelium wird dann als Coachinganleitung im Dienste größeren Durchhaltevermögens gelesen, wie es heute ja tatsächlich geschieht.

Auch hier bei Aschenbach wird sich nun also erweisen, dass der *negative* Aspekt des Verhältnisses noch sehr unterbelichtet ist. Es scheint ja bei der Wechselbeziehung ohnehin mehr an ein positives gegenseitiges Bestärken gedacht zu sein: Wo man für die Erniedrigung unmittelbar *Lob* erfährt, da ist sie eigentlich gar keine, da bleibt das Ich unmittelbar *bei sich*. Von Abgrund und Tragik kann da jedenfalls keine Rede sein. Aber der Punkt ist eben der, dass *nur* die wirkliche Negation, als Negation der Negation, das Verhältnis trägt, und vorschnelle Harmonisierungen, nette Beschönigungen des Negativen in den Abgrund führen. Ästhetisch gesprochen ist diese Einebnung des unendlichen Gegensatzes *Kitsch*; in der prosaischen Welt nennt man sie einfach *Verlogenheit*.

Genau in diesen beiden Gestalten bekommt Aschenbach die verborgene Zweideutigkeit seiner Haltung *ad oculos* demonstriert, was ihn dann zwingt, den Weg der Tragödie weiterzugehen. Jene *Wechselbeziehung* ist das *Geheimnis* Venedigs, an dem auch Aschenbach teilhat: die Einheit des Schönen und des damit verbundenen Negativen, die Einheit von Lust und Tod (Cholera). Aber er selbst wie auch die Venezianer verstehen dies durchaus nicht in seiner Tiefe, sondern nur im Sinne eines spitzbübischen Spielens über Bande: Indem Aschenbach *die Wissenden mit verfänglichen Fragen angeht*, gelingt es ihm, *sie, die zum Schweigen verbündet waren, zur ausdrücklichen Lüge zu nötigen*. Aus einer expliziten Lüge aus ganz banal egoistischen Motiven wird freilich niemals so etwas wie eine geistige Einheit von Sein und Schein, ein *schöner Schein*, wie ihn der Künstler intendiert; sondern nur die Einheit einer *bizarren Genugtuung*, eben des sich ganz unmittelbar in sich reflektierenden Selbstbewusstseins.

In die künstlerische Dimension des Kitsches führt uns die Szene mit dem Auftritt der *Bande von Straßensängern.* An ihrem Erscheinungsbild, ihrem sinnlichen Äußeren, ist so gut wie alles falsch, *virtuell*, also absichtsvoll hervorgebracht, vom *süß falsettierenden Tenor* über die *vulgären und schmachtenden Melodien* zu dem *Gassenhauer*. Alles gaukelt hier Eintracht und Stimmigkeit vor, wo keine ist; *Späße* werden zur Terrasse emporgeschleudert, während dem Gaukler *(halb Zuhälter, halb Komödiant) vor produzierender Anstrengung die Adern auf seiner Stirne schwollen.* Später dann das *Lächeln tückischer Unterwürfigkeit*: Das innere Wesen des Äußeren ist das Gegenteil, die kalte Reflexion, das Finanzinteresse, angestrengte Mühsal, Arbeit, - *eben ein Schwaden starken Karbolgeruchs.* Aschenbach hat dabei wie schon oben durchaus selbst Teil an dieser Verstellung: *Seine Züge waren durch die Sprünge des Gauklers zu einem fix gewordenen und schon schmerzenden Lächeln verrenkt.* Er weiß sich mit diesem auch in bestes Einvernehmen zu setzen, über das Übel in der Stadt, sodass er ihm ein *ungebührlich bedeutendes Geldstück in den Hut fallen* lässt. Auch kann von irgendwelchen *Fußfällen* seinerseits keine Rede sein, wohl aber von Empörung über eine *furchtbare Beleidigung, ... unter der sein Stolz sich in ungekannten Qualen wand, und welche von sich zu weisen sein Gewissen ihn hinderte.* Der letzte Teil des Satzes besagt mithin, dass Aschenbach an *beidem* festhalten will, an seinem stolzen Ich ebenso, wie an der Hingabe an den Eros; die scheinbar so unbefangene Einheit des vierten Kapitels tritt im fünften wieder auseinander, aber nun mit gleicher Wertigkeit beider Pole. Das macht die Widersprüchlichkeit aus, den schreienden Gegensatz von Sein und Schein, der Venedig ja von der Überfahrt an bereits kennzeichnete, an das sich Aschenbach also nunmehr angeglichen hat.

Die Bande bedankt sich mit einem Schlager mit *einem Lach-Refrain,* der Einschmeichelei ist und doch zugleich ein Auslachen der Lacher, *als gäbe es nichts Komischeres, als die lachende Gesellschaft dort oben,* bis dann zuletzt das Ressentiment über die schöne Fassade triumphiert und der nackte Gegensatz offenbar wird: *Dort endlich warf er auf einmal die Maske des komischen Pechvogels ab, richtete sich, ja schnellte elastisch auf, bleckte den Gästen auf der Terrasse frech die Zunge heraus und schlüpfte ins Dunkel.* Auf diese Weise besteht die Verehrung des kämpferischen Ichs für Eros nur aus *Faxen* um des Geldes willen; es fehlt eben an der Negativität, an der wirklichen Demut dieses Ichs. Aschenbach entgeht dies alles auch durchaus nicht, so sehr er auch zur Kumpanei bereit ist: *Er saß aufgerichtet wie zum Versuche der Abwehr oder der Flucht.*

Auch Aschenbachs Problem ist ja die Reflexionslastigkeit seiner zweiten Unbefangenheit; so wie die pralle Sinnlichkeit der Gassenhauer eine hurenartige ist, eine professionell choreografierte, kopfgeborene Lügensinnlichkeit: *Ihr Anführer versäumte nicht, noch seinen Abgang mit Späßen auszuschmücken. Seine Kratzfüße, seine Kusshände wurden belacht, und er verdoppelte sie daher.* Es sind somit die beiden Seiten der zweiten Unbefangenheit, die *Reflexion* und deren Negation, als Reflexion der Reflexion, die jetzt mit aller Macht auseinanderstreben. Aschenbach muss denn doch versuchen, sich dem zu entziehen und *ernst* zu bleiben, denn damit wird natürlich die zweite Unbefangenheit ad absurdum geführt. Tadzio, die erste, naive Unbefangenheit hat damit natürlich nichts im Sinn; so durfte denn Aschenbach auch *bemerken, dass der Schöne, in Erwiderung seines Blickes ebenfalls ernst blieb, ganz so, als richte er Verhalten und Miene nach der des Anderen und als vermöge die allgemeine Stimmung nichts über ihn, da jener sich ihr entzog.*

Aber die Zersetzung von Aschenbachs intendierter Aussöhnung des Positiven mit dem Negativen schreitet unaufhaltsam voran; etwa darin, dass er Gewissheit über den Zustand der Stadt bekommt; bislang war ja alles mehr im Vagen geblieben. Dies ändert sich jetzt mit der Befragung des Engländers im Reisebüro, der ihm nach kurzer Gegenwehr in allem *Detail* Auskunft erteilt, sogar den Namen der Krankheit (Cholera) sowie die Einzelheiten ihrer Ausbreitung in epischer Breite hererzählt. Es ist ein Bericht, der den Charme eines Autopsieberichts hat, und es wird deutlich, dass es nur um schnödes Elend geht, dessen Wendung zu irgendeiner Schönheit ganz unmöglich scheint. Die Korrelation von Kopf und Hand, als Kumpanei von dekadenter Oberschicht und verworfener Unterschicht, scheint dabei gar mehr eine rein negative zu sein, ein gegenseitiges Sich-Zugrunderichten beider Seiten: *Die Korruption der Oberen zusammen mit der herrschenden Unsicherheit, dem Ausnahmezustand, in welchen der umgehende Tod die Stadt versetzte, brachte eine gewisse Entsittlichung der unteren Schichten hervor, eine Ermutigung lichtscheuer und antisozialer Triebe.* Die Sinnlichkeit, deren unbefangene Wiedergeburt Aschenbach aus dem Niedergang der egozentrischen Ordnung, erhoffte, wird so nur zur *gewerbsmäßigen Liederlichkeit*; diese *nahm aufdringliche und ausschweifende Formen an, wie sie sonst hier nicht bekannt und nur im Süden des Landes und im Orient zu Hause gewesen waren.* Die lieblich-herzlichen Wechselbestimmung, die Aschenbach eigentlich im Sinn hat wird offenbar untermitniert durch orientalisch-dualistische Mächte, die mehr und mehr die Oberhand gewinnen und alle Vermittlung als bloßen Schein und Lüge diskreditieren. So kann etwa die ausschweifende Sinnlichkeit nur durch Despotismus und allgegenwärtige Kontrolle im Zaum gehalten werden; der *Kampf* des Positiven mit dem Negativen ist in vollem Gange. Oder, mehr auf Aschenbach bezogen: Ein korrumpierter, prinzipienloser, selbstgefälliger *Eigennutz* steht einer Sinnlichkeit, die bloß Liederlichkeit und *verseucht* ist, alles in allem ein *Sumpf*, dem man nur *entfliehen* kann; von heroischem Selbstbewusstsein im Dienste des Eros keine Spur.

Einmal mehr scheint Aschenbach an jener abgründigen Mischung, die Venedig repräsentiert, gescheitert zu sein; ihr krasser Gegensatz und Widerspruch ist nicht mehr zu übersehen. Wieder bleibt ihm eigentlich nur, die Reise abzubrechen und zum Ausgangspunkt zurückzukehren: *Aber er fühlte zugleich, dass er unendlich weit entfernt war, einen solchen Schritt im Ernste zu wollen.* Warum? Dem Erzähler fällt nur der schlanke, gänzlich unvermittelbare Gegensatz von In-sich und Außer-sich, von Ich und Nicht-Ich, von Gut und Böse ein: *Er würde ihn zurückführen, würde ihn sich selber wiedergeben; aber wer außer sich ist, verabscheut nichts mehr, als wieder in sich zu gehen.* Wieder hält sich sein Kommentar ganz innerhalb Gegensatz von Disziplin und Disziplinlosigkeit, dessen Unüberwindlichkeit gnadenlos festgetreten wird.

Aber auch hier geht es um eine geistige Entwicklung, eine Logik der Sache, aus der man nicht einfach ausbrechen auf Los zurückkehren kann, zu einem Standpunkt, der längst aus guten Gründen überwunden und hinter sich gelassen ist. Es ist keine Antwort, von dem gleichwesentlich-widersprüchlichen Dualismus zum herrischen Dualismus des Ausgangspunkts der Novelle zurückkehren zu wollen, denn der erster ist ja eben aus dem letzteren hervorgegangen. Außerdem wäre es auch nur die Absage an Geist, Kunst und Liebe, also an jene *tiefe Instinktverschmelzung von Zucht und Zügellosigkeit,* oder die Einheit von Bestimmtheit und Freiheit, Gott und Mensch; diese war ja erst nach jener Auflösung der herrischen Souveränität begegnet. Es wäre der Abschied von Tadzio und von Eros; er müsste nicht nur diese darangeben, sondern er müsste auch bekennen, dass die hehre Kunst und auch natürliche Grazie nichts ist als ein höhnisches Spiel einer *höhnischen Gottheit,* dass Tadzio (das *Werkzeug* jener Gottheit) also - im Bilde zu reden - vom Teufel geschickt wurde, um ein reines Ich auf den Abweg der Sinnlichkeit und des Außer-sich-Seins zu verleiten, ein endloser dualistischer Kampf. Aschenbach könnten denn niemals zu einer wirklichen, schönen Übereinstimmung von Innerem und Äußerem gelangen, sondern bliebe dazu verdammt, immer nur mit der widerwärtigen Sinnlichkeit zu kämpfen, immer aufs Neue seine Coolness und Power zu beweisen: *Nach dem Spiel ist vor dem Spiel.* Aber über solches Treiben und seine leere Würde ist er ja eben längst hinaus.

Jener Dualismus ist - nach seiner unaufgelösten, unversöhnten Seite - das, was das Orakel ihm schillernd verkündet hatte, als die Wahrheit über ihn und den Menschen überhaupt: *Er erinnerte sich eines weißen Bauwerks, geschmückt mit abendlich gleißenden Inschriften, in deren durchscheinender Mystik das Auge seines Geistes sich verloren hatte; jener seltsamen Wandrergestalt sodann, die dem Alternden schweifende Jünglingssehnsucht ins Weite und Fremde erweckt hatte.* Genau dahin würde er zurückkehren müssen, genau jene Sehnsucht - über das Eingehaustsein im reinen Ich hinauszukommen - würde er als Irrlicht einer höhnischen Gottheit bekennen und sein Ich dann doch wieder gegen den Gedanken einer Befreiung verhärten müssen. Dass seine Reise und die Begegnung mit Tadzio selbst nichts anderes gewesen sein sollte, als eine neue, verschärfte Runde in jenem mühseligen Kampf mit der widersetzlichen Materie, ist dann für Aschenbach unerträglich, *und der Gedanke an Heimkehr, an Besonnenheit, Nüchternheit, Mühsal und Meisterschaft, widerte ihn in solchem Maße, dass sein Gesicht sich zum Ausdruck physischer Übelkeit verzerrte.*

Die Aversion dagegen scheint noch um einiges größer zu sein als das letzte Mal; und auch die Rede von der *unendlichen Entfernung* deutet darauf hin, dass auch der Gegensatz selbst jetzt der *unendliche* geworden ist, derjenige ohne alle Vermittlung und ohne gemeinsam zugrundeliegende Substanz. Aschenbach hat also keine Wahl, er muss seinen Weg weitergehen. Er wird schweigen, und zwar nicht nur im vordergründigen Sinn: *»Man soll schweigen!« flüsterte er heftig.* Worüber? Man soll Eros keine *höhnische Gottheit*, Tadzio nicht deren *Werkzeug*, Venedig nicht einen *Sumpf* oder das *Chaos* nennen. Aschenbach wird alles dem reinen Ich Fremde nicht das Böse schlechthin nennen, und er wird auch nicht jene Nüchternheit als *zartes Glück* oder als *Kunst und Tugend* lobpreisen, wie der Erzähler das will. Was aber bleibt dann noch? Keinesfalls etwas, das sich *klar und deutlich* im Sinne des cartesischen Wissenschaftsbegriffs mitteilen ließe, sondern eher dies: *Das Bild der heimgesuchten und verwahrlosten Stadt* (der gekreuzigten Schönheit)*, wüst seinem Geiste vorschwebend, entzündete in ihm Hoffnungen, unsagbar, die Vernunft überschreitend, und von ungeheuerlicher Süßigkeit.* Für den Erzähler sind diese Hoffnungen nur Unvernunft, (zeitliche) Spekulationen auf die Vorteile des Chaos, nach Art der Schwarzhändler oder Kriegsgewinnler. Worauf sonst könnten diese Hoffnungen noch gehen? Auf die Erlösung aus tiefster Sündhaftigkeit?

Der Text wird jetzt einigermaßen dunkel und schwer verständlich, aber wir wollen dennoch sehen, ob sich ihm nicht ein Sinn abgewinnen lässt; man muss hier aber schon sehr genau wissen, was man sucht, um etwas finden zu können. Aschenbach macht sich durchaus keine Illusionen mehr über Venedig, über jene Schönheit, deren Gebrochenheit nun nicht mehr zu überspielen ist. Aschenbach ist so *hin und her geworfen* zwischen jenen beiden Seiten, die diese Stadt und seine Befindlichkeit auszeichnen. Jede Seite bezieht sich positiv auf die andere und negiert sie, sucht und flieht sie zugleich. Seine leblose Meisterschaft sehnt sich nach der lebendigen, unbefangenen Schönheit und negiert sie durch ihr eigenes Wesen; so wie die Schönheit jenes reflektierte Ich negiert und als ihm feindlich negieren muss, und sich doch nach dessen Maß und Ordnung sehnt. Dieses Hin- und Hergeworfensein wird jetzt zum besinnungslosen Taumel, der die beiden Pole mehr und mehr in sich zieht und schließlich ineinander auflöst.

Anders als bisher wird dieser Kampf vom Erzähler auch nicht einfach Aschenbachs Innerlichkeit, seiner *freien Entscheidung* zugeschrieben. Es ist jetzt vielmehr die Rede von einer Einwirkung, die *von außen*, vom Nicht-Ich her hereinbrechend, das Ich überwältigt, seinen *tiefen und geistigen Widerstand gewalttätig niederwerfend*. Wo das Ich, das Subjekt, die unendliche Reflexion in sich, sich auflöst, da kann dies in der Tat nicht mehr *nur* als Handlung, als Entscheidung des Ichs, aufgefasst werden; so bliebe es ja immer nur eben eine bloße Reflexion. Es ist dies aus der Sicht des Erzählers gesprochen, der an der Würde jenes Ichs unverrückt festhält und alle äußere Einwirkung nur als fremde Gewalt gegen die Autonomie des Ichs betrachten kann. Betrachtet man die Sache von der diametral entgegengesetzten Würdigung dieses Ichs (des Ichs als Ursünde) aus, müsste man - in einer etwas anderen Bildwelt - etwa formulieren: Es bedurfte des Sterns von oben, einer Einwirkung Gottes, also seines Sohnes, um dem nichtig-heillosen Menschen (jenem nichtigen Ich) die Erlösung und das Leben zu bringen, nach dem er so sehnsüchtig verlangte, die es aber aus sich selbst, rein subjektiv, als Selbsterlösung, sich immer verstellen musste. - Im Folgenden gehen diese beiden Sichtweisen ineinander, die erste direkt, explizit vom Erzähler in seinen Wertungen ausgesprochen, die zweite dann indirekt aus der Gefühlswelt Aschenbachs dazugespielt.

Dies wird in mythisch-fantastischer Weise dargestellt: In dem nun folgenden *Traumgesicht* ist die Verstandesdisziplin auf eine natürliche Weise gebrochen, aber doch auch nicht völlig verschwunden, vielmehr in ein Hin und Her beider Seiten aufgelöst. Dieser Kampf und Taumel - eben der von Verstand und Rausch, von Ich und Auflösung - findet nun *in Aschenbachs Seele* als dessen *Schauplatz* statt. Diese ist also selbst nicht eine *Partei* des Kampfes, sondern nur der Ort, die umschließende Hülle desselben. Die Parteien sind die beiden Seiten seiner Künstlerseele, die sich von ihrer sie bisher tragenden *Einheit* gelöst haben, sodass diese Seele sich nun als ein Drittes *außer den Geschehnissen im Raume wandelnd* fühlt, als die Substanz jenseits des Spiels ihrer Attribute.

Dieser sich auf diesem Schauplatz nun abspielende Taumel ist nicht einfach ein wildes, unbestimmtes Durcheinander, sondern er ist durchweg von der genannten Grundbeziehung durchsetzt. Alles ist hier positiv und negativ zugleich, abstoßend und anziehend, sehnsuchtsvoll und entsetzt: *Angst und Lust und eine entsetzte Neugier*; *dumpfes Donnern, schrilles Jauchzen.* Auch hier gibt es ein *Drittes*, in der *Tiefe* Zugrundeliegendes; eine beharrliche Einheit, die über allem schwebt, durch alles hindurchdringt, zieht alles in sich: *alles durchsetzt und grauenhaft süß übertönt von tief girrendem, ruchlos beharrlichen Flötenspiel, welches auf schamlos* (gleichgültig gegen den Geschlechtsunterschied) *zudringende Art die Eingeweide bezauberte.* Für dieses Dritte, das nicht selbst Teil der *tobenden Rotte* ist, hat Aschenbach einen Namen: *»Der fremde Gott!«* In seinem Ruf fließen *Selbst-* und *Mit*lauter zusammen, so wie das Selbst (die Selbstbewegung) und das Nicht-Selbst (vielmehr anderem Selbst angehörig, mitlautend), die (süße) Einheit und der (wilde) Gegensatz: *Und die Begeisterten heulten den Ruf aus weichen Mitlauten und gezogenem u-Ruf am Ende, süß und wild zugleich, wie kein jemals erhörter.* Es ist eine Vereinigung von Subjekt und Objekt in einem *Dritten*, im Gestaltlosen, in der dunklen Tiefe, von der alle Unterschiede des Tages durchdrungen werden, sie mehr und mehr angleichend und den

Gegensatz brechend: *Aber alles durchdrang und beherrschte der tiefe, lockende Flötenton.*

Auch Aschenbachs zwei Seelen in seiner Brust können hier nicht mehr gegeneinander bestehen: *Lockte er nicht auch ihn, den widerstrebend Erlebenden, schamlos beharrlich zum Fest und Unmaß des äußersten Opfers?* Was ist das *größte Opfer* für Aschenbach? Das Opfer des Ichs, der Meisterschaft, *und* der Kunst, der willentlich gemachten Schönheit, der unbefangenen Natur, beides, ihre Bestimmtheit und Unterschied, aufgelöst im dunklen Abgrund der Substanz. *Groß war sein Abscheu, groß seine Furcht, redlich sein Wille, bis zuletzt das Seine* (das Ich) *zu schützen gegen den Fremden, den Feind des gefassten und würdigen Geistes,* also des klar artikulierten und bestimmten Geistes. Dieser Fremde ist sehr wohl auch der Feind der unbefangenen Tadzio-Schönheit und der Pracht Venedigs, der mediterranen Naturschönheit; all dies versinkt hier im *Reigen des Gottes*, jenem Taumel der Anziehung und Abstoßung. Aber je intensiver der Taumel wird, desto mehr verlieren auch Anziehung und Abstoßung, Positives und Negatives, Wut und Lust, die Bestimmtheit gegeneinander, ziehen alles in eine Einheit hinein: *Wut ergriff ihn, Verblendung, betäubende Wollust, und seine Seele begehrte, sich anzuschließen dem Reigen des Gottes.* In ihm fließt nun alles zusammen, Männliches und Weibliches, unterschiedslos, strukturlos: *Aber mit ihnen, in ihnen war der Träumende nun und dem fremden Gotte gehörig. Ja, sie waren er selbst, ... als auf zerwühltem Moosgrund grenzenlose Vermischung begann, dem Gotte zum Opfer.* Der Gegensatz selbst, indem seine beiden Seiten sich ausgleichen, leitet zurück in den allgemeinen Grund, aus dem alles einst entsprungen war.

Der *fremde Gott* ist bekanntlich eine Bezeichnung für *Dionysos*, und an dessen Mythologie hat sich Thomas Mann zweifellos orientiert. Es mag hilfreich sein, hier einen kleinen Exkurs über diese Göttergestalt einzuschieben. Dionysos ist eine Figur ähnlich der des *Teufels*: Er steht für die *Negation*, die *Absage* an das *Wesen* (das eigentlich Göttliche), an die Reflexion, Konzentration, Fokussierung auf das *Eigentliche*, an die appolinische Besonnenheit, letztlich auf das Ich; aber diese Negation eben noch einmal *positiv* vorgestellt, als Gott, als wesentliche Gestalt, - offenbar, weil die Negation des Wesens diesem selbst irgendwie wesentlich ist. Paradigmatisch erscheint diese Negativität als Gestalt in der dualistischen persischen Religion: *Ahriman*, der böse Geist, als Widersacher von *Ormuzd*, dem guten Geist; das Wesen und das Anti-Wesen, beide negativ aufeinander bezogen und doch auch gehalten in *einer* Beziehung, umklammert noch durch den unerforschlich-passiven Ahura Mazda. Das Un-Wesen als Ahriman oder Teufel ist nun allerdings ganz aus der Vorstellungswelt eines starken *Vatergottes*, als dessen *aktiver*, *kämpferischer*, selbstbewusster Widerpart vorgestellt. Als explizite Verneinung des Wesens sind sie entsprechend verpönt und eigentlich eine bloß negative Figur, etwas den Anständigen völlig *Fremdes*, das freilich (man weiß nicht, wie) doch immer gegenwärtig bleibt. Dass man dieses Unwesen in reflektierten Kontexten dann auch *positiv* werten kann, wenn das Ich sich etwa gegen die mythische Form oder das Geschlecht, mit der das Wesen traditionellerweise verbunden ist, richtet, kommt eben daher, dass der Teufel die reflektiert-selbstbewusste Negation vorstellt.

Mit Dionysos dagegen steht es etwas anders. Er ist nicht von einem derart aktivistischen Gegensatz her gedacht, auch wenn *Nietzsche* versucht hat, Apollo oder auch Zeus im Sinne eines solchen Vatergottes zu sehen, um dann mit Dionysos und der Sinnlichkeit kämpferisch gegen die *objektive* Rationalität zu Felde zu ziehen, im Namen der absoluten Subjektivität, die bei Nietzsche ja noch eine sehr vitalistisch-sinnliche Färbung hatte. Dionysos gehört vielmehr in die Linie der weiblich orientierten Religiosität, der Muttergöttinnen (*Kybele*, *Isis*, *Dea syria* etc.), die vor allem in den Mysterienreligionen des späten Roms zutage getreten sind. Hier also *gehen* die Dinge nicht vom Vater *aus*, von seinem Auftrag, seiner Schöpfung, sind nicht seine Werke und Entfaltung, sondern sie *kehren zurück* zur Mutter, *falten* sich wieder *ein* in die Einfachheit und Einfalt des Ursprungs. In diesem Kontext erscheint das Männliche als *sterbender Gott* (*Attis*,

Osiris, *Herakles* und eben *Dionysos*[15]), als *Zerreißung* der strengen Einheit des (männlichen) Ichs in ihre Teile oder Gegensätze, um dann durch das Weibliche wieder geheilt, zusammengesetzt zu werden. Die Einheit wird somit auf weibliche, *gegensatzlose* Weise wiederhergestellt, also gerade nicht dadurch, dass die Teile dem strengen Regiment einer Zentralmacht unterworfen werden. Indem vielmehr die Teile ihren Gegensatz, ihre harte Bestimmtheit und den Unterschied gegeneinander verlieren, sich ins *Chaos* verflüchtigen, verflüssigen sie sich und fließen schließlich wieder zusammen; es ist also mehr ein Gewährenlassen der ursprünglichen sympathetischen Einheitskräfte, des sich von selbst zueinander Fügens der Dinge.

Es sind die Frauen, die im alten Griechenland zum nächtlichen Mysterienschwarm des Dionysos aufbrechen, nämlich um die entsprungene Männlichkeit, das losgelassene, verkopfte Ich heimzuholen, eben in einer der Natur und dem Gefühl nahestehenden Weise, die dann natürlich auch sexuelle Konnotationen haben kann. Auch ältere Fruchtbarkeitskulte (im Sinne des Von-selbst-Wachsens, nicht im Sinne der Produktion!) nehmen diese Kulte in sich auf, ebenso kommt die *Entmannung* der (männlichen) Priester, auch das *Zölibat* und dergleichen, wohl ursprünglich von dieser Linie der Rückkehr zur Ursprung her. Das *Verhältnis* von Gott und Welt, von Wesen und Dasein, ändert sich dadurch: Die Einheit, die in den patriarchalisch orientierten Religionen als Schöpfungsgedanke oder Gesetz erscheint, als Mission der Menschwerdung und der Unterwerfung des Un-Wesens, findet sich in den mütterlich orientierten dann etwa in der Vorstellung einer *Heiligen Hochzeit* ausgedrückt: ein von selbst sich zueinander Finden, ein Heimfinden der entsprungenen Gegensätze. Auch hier ist das Verhältnis nicht schlicht symmetrisch, das Männliche sieht dabei immer etwas schwächlich und gedrückt aus; der Terminus *Hochzeit* sollte

[15]Die zugehörige Muttergöttin schwankt bei ihm, wie ja überhaupt seine Mythologie sehr vielgestaltig ist.

nicht darüber hinwegtäuschen, dass es um die Heimkehr des Männlichen zum weiblichen Ursprung geht[16].

Dionysos gehört also in diese zweite Linie; auch wenn der Erzähler sich ersichtlich alle Mühe gibt, ihm die Versatzstücke einer krassen Vaterreligiosität überzustülpen, wo dann mit magisch-hypnotischen Kräften, somit auf *technische* Weise die Individuen diszipliniert und zum *Opfer* und zur Unterwerfung veranlasst werden sollen: Das ist eben die Sache von der anderen Seite her betrachtet. Es ist dies ein poetisches Spiel Thomas Manns, der natürlich sehr genau weiß, was es mit jener anderen Richtung auf sich hat. In den *vertauschen Köpfen* lässt er einen Begeisterten eine solche *indische* Muttergöttin wie folgt anreden: *Mutter ohne Mann, deren Kleid niemand hebt* (es geht hier ja nicht um die Offenbarung und Gestaltwerdung des Wesens!)*! Lust- und schreckensvoll Allumfangende, die du wieder einschlürfst alle Welten und Bilder, die aus dir quillen! ... Aber lass mich wieder eingehen durch die Pforte des Mutterleibes in dich zurück, dass ich dieses Ichs ledig werde* ...

Auch Dionysos kommt aus dem Osten, aus Kleinasien. Durch den Kontext, dem er entstammt, ist er so nicht nur die Negation der orientalisch-eifernden Vatergötter, sondern auch der heiteren, menschelnden Götter Griechenlands, ihrer Besonnenheit und ihres Maßes. Auch in deren Kreise ist Dionysos *fremd*, wie er dies auch bezogen auf die Sittlichkeit der *Polis* ist und wie dies auch immer empfunden wurde. Wenn man ihn freilich unbedingt zu einem griechischen Gott machen will, ihn der Vaterlogik unterwerfen will, dann wird aus ihm der banale *Weingott*, gewissermaßen der olympische *Eventmanager*, mit dem sich dann natürlich auch seine disparaten tieferen Motive neutralisieren und kanalisieren lassen. Allerdings ist Dionysos im Westen

---

[16] Das Christentum (auch der Islam) hat sich aus beiden religiösen Strömungen bedient und eine Synthese versucht: In Maria und Jesus die andere Seite noch deutlich sichtbar. Im Zuge solcher Vereinigungsbemühungen kann es dann auch zur Vorstellung einer Hochzeit eines ausgesprochenen Vatergottes mit einer Muttergöttin kommen.

nicht ganz so fremd wie die indischen Götter, und er ist auch nicht ganz so blass wie Attis oder Osiris, die ganz im Schatten der zugehörigen Göttinnen stehen, sodass er damit zum *tragischen* Gott *par excellence* taugt. Damit ist er auch für das Spiel des Autors geeignet, der ihm einmal durch den Erzähler einen deutlich herrschaftlich-väterlichen Charakter verleiht, dann aber wieder dem Inhalt nach die Mutterlogik durchscheinen lässt: Jene beiden Richtungen verschwimmen jetzt ineinander.

Kehren wir zurück zur Novelle. Der Widerstand Aschenbachs, seines Ichs nämlich, ist nunmehr gebrochen; wenigstens sieht der Erzähler dies so, indem er prompt ein Verfallensein an ein fremdes, negatives *Ich*, diagnostiziert. Dieses zieht jetzt souverän die Fäden und leitet das (vormals) positive Ich *am Narrenseile*, womit sich also die Umkehrung des vorigen, meisterlichen Verhältnisses ergibt: *Aus diesem Traum erwachte der Heimgesuchte entnervt, zerrüttet und kraftlos dem Dämon verfallen.* Das Ich grenzt sich jetzt nicht mehr gegen das Nicht-Ich ab, auch dieses lässt von seinem Widerstand ab. Die Extreme und ihr Gegensatz verschwinden auf diese Weise, die durch sie bestimmte Außenwelt verfällt also der Bedeutungslosigkeit, sodass scheinbar nur noch das liebliche Wechselverhältnis übrig bleibt: Es war Aschenbach *zuweilen, als könne Flucht und Tod alles störende Leben in der Runde entfernen und er allein mit dem Schönen auf dieser Insel zurückbleiben.* Übrig bleibt nur noch der aufgelöste Gegensatz, das, was von sich zueinander strebt, ins *Ungeheuerliche,* ins Unendliche, da wo es eben keine Grenzen und Gegensätze mehr gibt. Das *Sittengesetz*, das natürlich eine etwas strukturiertere, klar abgegrenzte Einheit meint, verblasst dagegen, sofern der Erzähler darunter nicht einfach nur das bürgerliche Recht, also das Eigenrecht des Ichs, versteht.

Das bislang so Unzuträgliche, Alt und Jung, Innen und Außen, Ich und Natur, - all dies verliert seine Bedeutung und geht haltlos ineinander über. Damit verlieren aber auch die Pole gegeneinander ihre Bestimmtheit, und letztlich löst sich dadurch das *Verhältnis* als solches auf. Alles vermengt sich, fließt zusammen, in eine zunächst freilich chaotische, wenig erbauliche Einheit, in einen bloßen Mischmasch von Gewolltem und Naivem. Dies zeigt sich, als Aschenbach sich der *kosmetischen Kunst* zuwendet. Der Friseur beschwatzt ihn zunächst mit dem Mantra der *zweiten Unbefangenheit: Schließlich sind wir so alt, wie unser Geist, unser Herz sich fühlen.* Freilich versteht das Denken des reinen Ichs dies im Sinne der Wesenlosigkeit des Äußeren, als etwas, das dem souveränen Ich zu dienen hat und letztlich gleichgültig ist. Es neigt zu jener *Indifferenz in äußerlichen Dingen, die bei bedeutenden Personen begreiflich ist*, was es dann doch nicht hindert, die kosmetische Kunst ab und an in Anspruch zu nehmen, sind doch *gerade solchen Personen Vorurteile in Sachen des Natürlichen oder Künstlichen wenig angemessen*, eben weil es ja nur um äußerliche Dinge geht. Und wo es um das Ich, den Erfolg zu tun ist, da kann das Natürliche auch nicht höher stehen als das Künstliche, Kosmetische, Gemachte.

Hier bei Aschenbach liegen die Dinge allerdings etwas anders. Das souveräne Ich ist ja gerade längst gebrochen und mit seiner Negation, mit Naivität, Natur und Eros in eine trübe, gestaltlose Einheit zusammengeflossen, die es ihm erlaubt, alle Bestimmtheiten ineinander überzuführen, aus alt jung, und aus faltig farbig zu machen. An die Stelle des an sich haltenden Ichs oder des Willens ist jetzt das *Herz* getreten, an die Stelle der bestimmten Erkenntnis das Gefühl und der Rausch. So *erblickt* Aschenbach, *bequem ruhend, der Abwehr nicht fähig* (wie in der Gondel!), denn *mit Herzklopfen einen blühenden Jüngling. ... Seine Krawatte war rot, sein breitschattender Strohhut mit einem mehrfarbigen Bande umwunden.*

Aschenbach ist jetzt in dem Zustand, den das Orakel ihm präsentiert hatte und das an mehreren Stellen leitmotivartig wiedergekehrt hatte. Die rote Farbe (der Krawatte, des Haares etc.) spielt dabei eine Rolle, der breite Hut, die Vielfarbigkeit: die Imitation, also reflektiert-gewollte, inadäquate Äußerlichkeit dessen, was allein Tadzio zurecht an sich trägt: die rote Schleife. Aber nicht um die äußerliche Wiederkehr dieses Orakels ist es der Tragödie zu tun, sondern um seine geistige Entfaltung: der Weg des Geistes, der ein Kreis ist, und in sich zurückgeht. Der

Hochgestiegene, Distinguierte, die über allen Abgrund und trübe Tiefe des Ursprungs hinausgestiegene Vaterfigur, das Muster und Urbild aller Jugend und Schlichtheit, kehrt wieder zurück in den einfachen Anfang, ins Mütterliche.

Diese Trübheit sucht in jetzt auch in physiologischer Hinsicht heim; in der Auflösung der Gegensätze verschwinden ihm die Orientierungspunkte: *Mit versagendem Ortssinn, da die Gässchen, Gewässer, Brücken und Plätzchen des Labyrinthes zu sehr einander gleichen, auch der Himmelsgegenden nicht mehr sicher, war er durchaus darauf bedacht, das sehnlich verfolgte Bild nicht aus den Augen zu verlieren.* Aber auch diese andere Seite, das Bild des Schönen mit seinen *eigentümlich dämmergrauen Augen*, die also den klaren Blick und die Bestimmtheit hinwegdämmern lassen, verschwindet in der strukturlosen Einheit. Der Lärm der Welt, ihre Ziele, ihre Energie, verschwindet in einem ruhigen, unkämpferischen Chaos: *Es war still, Gras wuchs zwischen dem Pflaster. Abfälle lagen umher. Unter den verwitterten, unregelmäßig hohen Häusern in der Runde erschien eines palastartig, mit Spitzbogenfenstern, hinter denen die Leere wohnte, und kleinen Löwenbalkonen.*

Die nächste Phase dieser Rückkehr, oder *Periagoge, Umwendung* der Seele, gut platonisch gesprochen, wird jetzt wieder als *Traumlogik* im Gewande einer Sokratesrede dargestellt, die der Erzähler wiederum - aus gutem Grund - *seltsam* findet. Es spricht *der Meister, der würdig gewordene Künstler*, der nunmehr kurz vor seinem Heimgang das Ganze seines Lebens überschaut und zu einer Einheit zusammenfasst, so wie der Chor oder der geschlagene Held am Ende der klassischen Tragödie über sein Schicksal deklamiert. Es ist die Einheit von *Reflexion* und deren *Auflösung*, die *Logik* des *Traumes*, hervorgebracht von einem *halb schlummernden Hirn* (also auch nur halb *hervorgebracht*). Die Schönheit ist die Einheit des *Sichtbaren* und des *Göttlichen*, des Sinnlichen und des Geistigen, oder auch *das sinnliche Scheinen der Idee* (Hegel). Daher ist sie *der Weg des Künstlers zum Geiste*, der Weg *des Sinnlichen*; der Geist ist offenbar das *Wesen*, der Zweck und das Ziel. Dieser wird dann mit *Weisheit* und *wahrer Manneswürde* gleichgesetzt; vor allem Letzteres deutet darauf hin, dass hier das reine Wesen, die reine Reflexion, das reine Selbst gemeint ist. Kann dies jemand erreichen, für den der Weg dahin durch die Sinne führt? Der ein *Sinnlicher* ist? Zu dessen Wesen die Sinnlichkeit, die Natur gehört, etwa im Sinne der klassischen Definition des Menschen als des *animal rationale*? Kann jemand ein *reines* Selbst werden, zu dessen *Definition*, also zu dessen eigentlichem *Selbst* eben die Natur, das *Selbstlose*, das dem Selbst Gegenüberstehende, und die Beziehung darauf, nämlich der Eros gehört? Ganz unmittelbar, *per definitionem* also?

Und kann dann dieser Weg des Sinnlichen der Weg des Fortschritts und der Aufklärung sein, also der Weg *weg* von irreleitender Sinnlichkeit und Natur, *hin* zur reinen Selbstbestimmung, zum Abschütteln aller Tradition und Gegebenheit, zur reinen Reflexion, zum *sapere aude*? Unser Sokrates stellt die Antwort frei, aber tendiert doch unübersehbar zu der Aussage, dass dieser Weg allerdings - ob des Gegensatzes zum eigentlichen Wesen, zum Ziel - ein *gefährlich-lieblicher Weg* sei, ja *wahrhaft ein Irr- und Sündenweg, der mit Notwendigkeit in die Irre leitet.* Mit dem Optimismus der Aufklärung und deren Vertrauen in die eigene Mündigkeit hat das nicht viel zu tun, wenn die Formulierung auch eine völlige Verwerfung dieses Weges vermeidet. Denn mag auch der Weg in die *mit Notwendigkeit* in die Irre zu leiten, also das Irren niemals durch Cleverness und Abgebrühtheit zu vermeiden sein, so scheint es doch auch wieder die Möglichkeit zu geben, aus der unvermeidlichen Irre wieder herauszufinden. Und eben damit wäre dann auch die Kontinuität der Entwicklung Aschenbachs gewahrt, ist es doch die *eigene schöne Strenge*, die den *grauenhaften Gefühlsfrevel*, zu der Aschenbach ja gerade durch die ausgeführte Konsequenz der zweiten Unbefangenheit geführt wird, verwirft; also *nicht* irgendeine fremde, längst hinter sich gelassene Instanz.

Es ist hier zwar immer vom *Künstler* die Rede, vom *Sinnlichen*, aber verweist dies hier nicht auf die Sinnlichkeit des Menschen überhaupt, auf seine Kreatürlichkeit? Natürlich gibt es Unterschiede, natürlich hat für einen Mathematiker oder Ingenieur die Natur und das Sinnliche eine andere Bedeutung als für einen Handwerker oder Sportler. Der Mensch als *animal rationale,* als sinnliche Vernunft, hat eine gewisse Variationsbreite, durch Begabung, Talent, die äußeren Umstände seines Dasein, die ihn mehr auf die eine oder auf die andere Seite treiben. Beim Künstler ist ganz unmittelbar klar, dass bei ihm das Geistige essenziell auf das Sinnliche bezogen ist, selbst noch bei den reflektiertesten Künsten wie etwa dieser Novelle; hier sind die Blütenträume des reinen Geistes, seiner hehren *Würde* und mannhaften *Power*, seiner Unsterblichkeit, von vornherein nur Illusionen und Träume: *Die Meisterhaltung unseres Styls ist Lüge und Narrentum, unser Ruhm und Ehrenstand eine Posse.* Zum Vorbild und Cheerleader der *Moralisten der Leistung*, den vielen *Helden des Zeitalters,* ist der Künstler denn denkbar schlecht geeignet: *Das Vertrauen der Menge zu uns höchst lächerlich, Volks-und Jugenderziehung durch die Kunst ein gewagtes, zu verbietendes Unternehmen.*

Als Künstler ist man eben darauf abonniert, solch steilem idealistischen Programm zu misstrauen, jener ehernen Selbstdisziplin, die sich jeglichen *Naturalismus*, jegliche Vermischung des reinen Wesens mit Natur-, Geschlechts- und Empfindungsprädikaten, energisch untersagt im Namen einer *correctness* oder Reinheit, die solche Vermengung umstandslos als Rassismus, Sexismus oder Chauvinismus denunziert. Sie kann sich nicht in jener sterilen Höhe halten, in unangreifbarer Souveränität sich *maître et possesseur* über *Natur* und *Sinnlichkeit*, über *Bild* und *Anschauung* erheben, sie zu eitlem Spiel, zu Unterhaltung, eben zu *Urlaub* von jenem Ernst des Lebens; und gerade dieses Schicksal teilt er ja auch mit den einfachen Menschen, denen die Erdenschwere den Aufstieg zum Highperformer versagt, so leicht und locker die Letzteren in den Höhen der Abstraktion auch tummeln mögen. Der wirkliche Künstler kann sich auch nicht, wie jener Kollege Tonio Krögers, ins Caféhaus zurückziehen, um nicht leibhaft-sinnlich den Frühling empfinden zu müssen[17].

Der Künstler würde also auf diesem Wege zum Clown oder Possenreißer, zum Gaukler, wie er uns oben begegnet war; er würde technisch perfekt produzierten Kitsch hervorbringen, dessen inneres Wesen aber nur das Ressentiment, die Reflexion, das Gegenteil der einschmeichelnden sinnlichen Oberfläche wäre. Auch jenes Virtuosentum, das mit allen Formen und Stilen handwerklich perfekt zu spielen weiß, das Beethoven erklingen zu lassen kann, wie er selbst sich nie gehört hat, bliebe dabei letztlich doch nur ein innerlich unbeteiligtes souveräne Ich; es wäre dies nicht die Sache des Künstlers, sondern des geschulten Handwerkers, des Banausen. Der *würdig gewordene Künstler* ist so allenfalls der *Art Director*, der auf dem globalen Markt rekrutierte *Ressourcen* seine vorgedachten Ideen und Regelwerke ausmalen lässt, das Sinnlich-Bildhafte dem höheren Zweck, sei es der Reklame oder auch eines moralischen Prinzips (als Agitprop), unterordnet und dienstbar macht, - alles eben nur *Lüge und Narrentum.* Darum ermöglicht es gerade das künstlerisch dargestellte (Künstler-) Leben, die Natur solch reinen Wesens, solch reiner Selbstbezogenheit, seine notwendig-wesentliche Verirrung oder seine Erbsündlichkeit, theologisch gesprochen, in besonders luzider und konsequenter Weise, zur Sprache und zur Anschaulichkeit zu bringen.

Der Punkt ist dabei nicht nur die Sinnlichkeit, auf die dieses reine Wesen bezogen bleibt, sondern auch auf die *selbstlose Hingabe*, auf die Liebe: *Denn du musst wissen, dass wir Dichter den Weg der Schönheit nicht gehen können, ohne dass Eros sich zugesellt und sich zum Führer aufwirft.* Das Ich hat nicht die Reflexion (oder das Denken) und die Sinnlichkeit als dingliche Vermögen in der einen

---

[17]Am Schluss jener Erzählung bezeichnet Thomas Mann den Unterschied dort terminologisch als den von *Dichtung* und *Literatur*, ohne dies dann weiter zu erklären; anderwärts ist dann vom Unterschied von *Kultur* und *Zivilisation* die Rede. Hier im *Tod in Venedig* wird dies nun näher präzisiert, vor allem durch den Gedanken des *Tragischen*, mit dem ja die *zweite Unbefangenheit* nichts im Sinn hat.

und in der anderen Tasche; sondern das Ich ist wesentlich diese Reflexion in selbst, der Negation und Hingabe die Sinnlichkeit oder das Gefühl sind. Daher sind sinnlicher Schein und Hingabe des Ichs, Eros, miteinander verbunden. Das souveräne Spiel mit den Formen kann so *letztlich* nicht Sache der Kunst sein. Wenn aber die Hingabe und die Auflösung solcher Selbstdisziplin ein wesentliches Moment sind, *so sind wir wie Weiber, denn Leidenschaft ist unsere Erhebung, und unsere Sehnsucht muss Liebe bleiben, - das ist unsere Lust und unsere Schande* (bezogen auf jene meisterliche Manneswürde). Es gibt allerdings auch jene sprachgewaltigen Literaten, die mit dem Furor und der Power des modernen Ichs wider dessen Natur- und Sinnlichkeitsferne streiten, die jene reine Selbstbewegung des *Ichs* als ein Pseudo-*Naturphänomen* behandelt, als Seinseigentümlichkeit: in letzter Konsequenz als *Rassemerkmal*. Auch dies ist eine Gestalt der *zweiten Unbefangenheit*, die aber für Liebe und Hingabe, für solche Weibischkeit und Sehnsüchtelei nur Hohn und Spott, wenn auch in sehr herzhaft-sinnlicher Gestalt, übrig hat. Nietzsche hatten wir schon genannt - wenn er auch durchaus sehr viele Facetten hat - ; auch er war ja ein großer *Meister des Styls*, ein großer Stilist, allerdings ganz ohne das altväterliche *Ypsilon*, mit dem Thomas Manns Sprache auch noch das Abgründigste umspinnt.

Alle derartige Reflektiertheit, die nicht von Eros geleitet ist, die *reine*, streng korrekte, wie auch die von der Dämonie *de Sades* umgetriebene, die die reine begleitet wie ihr Schatten, kann niemals Sache der Kunst sein: *Siehst du nun wohl, dass wir Dichter nicht weise noch würdig sein können?* Das ist natürlich im Sinne jener Manneswürde gesprochen, wo eine solche Geisteshaltung *unwürdig*, uncool und eben eine *Schande* für den aufgeklärten Menschen sein kann; so wie heute ja auch die Frauen es meist für eine Schande halten, nicht zu wissen, was man will, also vom einen Ich und Willen her zu denken. - Die Kunst freilich kann solche Weisheit und Würde immer nur auflösen und verwirren, ihnen die eigene, von allem Lebendigen geteilte Tragik vorspielen, so wie die *Narren* dereinst den harthörigen Mächtigen auf eher komödiantische Weise; ähnlich übrigens wie auch die *Reli-*

gion, die solche Weisheit als die Sünde der *Hoffart* betrachtet, wo sie nicht bereits dazuübergegangen ist, den Armen und Sinnlichen zur eigenen gottbegnadeten Würde und Souveränität heraufbilden zu wollen. Oder positiv ausgedrückt: Der Geist der Kunst ist jene tragische Einheit von Reflexion und Sinnlichkeit, jene gegenstrebige Dynamik von Bei-sich und Außer-sich, die sich nicht bei jener disziplinierten Würde zur Ruhe setzen kann.

Für die Kunst genügt es also nicht, nur der *Erkenntnis*, also der Skepsis oder dem Kritizismus, abzusagen, mithin dem *ersten* Feind jener bürgerlichen Würde, der alle tradierten Formen negierend in den Abgrund der Bestimmungslosigkeit wirft, also jenem anarchistisch-hippieartigen Kritizismus *ohne Würde und Strenge*, *ohne Haltung und Form*, der natürlich niemals die Haltung eines wirklichen Künstlers sein kann, wenn das auch zuweilen gemeint werden mag. Auch jene zweite Unbefangenheit, die neue Positivität, die auf jene Absage folgt, ist kein sicheres Bollwerk gegen die Würdelosigkeit, da eben die Kunst aus tiefstem innerem Interesse über solche Pseudopositivität hinausstreben muss; aber eben nicht, weil alles Positive in Negation und Unbestimmtheit aufzulösen wäre, sondern um der Einheit des Positiven und des Negativen, der Würde und des Abgrunds willen. Aber auch wenn Würde und Abgrund, Zucht und Zügellosigkeit gleichermaßen in ihrem Eigenrecht berücksichtigt werden müssen, so bleibt der Kunst und dem Geist - aufgrund der tragisch-dynamischen Natur solcher Einheit - *eine natürliche Richtung zum Abgrund eingeboren.*

Ist es nun dies, was der Autor dem geneigten Publikum mitzuteilen gesonnen war, dass die Kunst nichts als eine liederliche Belustigung ist? Natürlich nicht, denn neben der Richtung zum Abgrund gibt es ja durchaus auch die Gegenrichtung, die gerade die Figur des Erzählers immer wieder ins Spiel bringt. Diese beiden Richtungen werden hier aneinandergebunden, zu einem dynamischen Ganzen des Lebens verbunden, auf positive-negative, tragische oder auch dialektische Weise. Dieses Ganze hat dann aber auch nicht *nur* einen zeitlich-biografischen Sinn, sondern auch auf das Wesen des Menschen schlechthin zeigt, auf seine innere Natur hindeutet, also auf das, was man Idee oder Geist nennen mag. Diese Idee spiegelt sich dann nicht nur in den Stadien des Künstlerlebens, sondern in abgewandelter Form auch in allen anderen Dingen ab.

Es ist in diesen Passagen über den Künstler viel von *Können* (bzw. Nicht-Können) und dann auch von der *Notwendigkeit* die Rede; es wird also in *Modalbegriffen* gesprochen, die nicht direkt ein *Sein*, eine schlicht vorhandene *Eigenschaft* benennen, aber trotzdem auch nicht einfach nur die leere Möglichkeit dessen meinen, das sich *gedanklich* nicht widerspricht und in diesem Sinne sein kann (oder auch nicht). Es geht vielmehr eine *reale Möglichkeit*, die der Wirklichkeit selbst immanent ist; dieser, der Natur des Geistes, ist der *Irr- und Sündenweg* selbst eigen. Es wird gar nicht gesagt, dass der Künstler *schlechthin* diese Art abgehobener Weisheit und Würde sich nicht aneignen könne, wie auch der Mensch überhaupt etwa in einem historischen Sinne dies sehr wohl kann und auch eine Zeit lang damit gut zurechtkommen kann, - aber am Ende, in seiner Konsequenz zu Ende geführt, ist solches nur eben *Lüge und Narrentum*; und noch Schlimmeres, wenn man dies nicht begreift.

Aber selbst solches Begreifen ist noch daran gebunden, dass der *Irr- und Sündenweg* nicht nur eine bloße Möglichkeit bleibt, sondern dass er auch erfahrbare Wirklichkeit wird; die *reale Möglichkeit* ist also mehr noch eine Notwendigkeit. Das Maß, die schöne, heitere Einheit der Gegensätze, besteht nicht einfach aus sich, als Kerbe auf einer realen Skala, sondern es wird nur erkannt, indem es überschritten und missachtet wird. Freilich ist auch dies wieder unsinnig, wenn man es im Sinne einer bloßen Notwendigkeit, eines hart verdrahteten Programms verstehen will; dann wäre es tote Mechanik, nicht die Erfahrung des lebendigen Geistes über sich. Thomas Mann vermeidet diese Untiefen sehr schön durch den Fragestil, durch das Offenlassen der Alternativen und durch Vokabeln, die negieren, aber nicht schlechthin eliminieren.

Die in der zweiten Unbefangenheit enthaltene Negativität, die mit den Mitteln der Reflexion unterdrückte Reflexion, hat sich also nunmehr gegen die polierte, rein positive Oberfläche geltend gemacht; und zwar eben durch die Erinnerung der verlorenen Unbefangenheit der Jugend gegenüber der leeren Souveränität der Reife. Der letztlich unvermeidliche Versuch, dieser Jugend aus der Kraft der Reife heraus teilhaftig zu werden, förderte eben jene Negativität zutage, gewissermaßen den Schlick auf der Grunde Venedigs, der sich jetzt daranmacht, den letzten Rest dieser Subjektivität in sich oder hinabzuziehen, wie Aschenbach-Sokrates denn auch spürt: *Und nun gehe ich, Phaidros, bleibe du hier; und erst wenn du mich nicht mehr siehst, so gehe auch du.«* Nicht nur Aschenbach, das meisterliche Ich geht hier, sondern auch der Gegenpol, Tadzio, die kindliche Unbefangenheit, die auf den Weg zur Reife sich macht, indem das Alte verschwindet.

Dieser letzte Weg, oder der Tod, wird hier wohlgemerkt nicht als äußeres Faktum berichtet, als eine *Negation*, die dem Ich durch eine fremde, technisch leider noch nicht ganz beherrschte Macht, die Natur, *zustößt*. Er ist vielmehr ein kontinuierliches Weitergehen dieses Ichs, die Vollendung seiner Reife als deren innere Auflösung in die Einheit des Geistes, der nur in seinem Anderen, in seiner Negation, bei sich und wahrhaft wirklich ist. Diese Einheit stellt der ganze Verlauf der Novelle dar, aufscheinend an einer konkreten Individualität. Die wechselvoll-gegensätzliche Bewegung ihrer wesentlichen Aspekte macht das Lebendige (oder Geistige) daran aus; also das, was Aschenbach als reiner Meister, dem all dies als wesenlos gegenüberlag, vermisst hatte.

Hat unser Sokrates denn mit seiner Rede nun Platon abgeschworen? Blicken wir kurz auf das *Symposion*, dem der Autor viele Motive entnommen hat. Platon zieht es über weite Strecken seines Werkes hinauf zum Schönen selbst, zum an sich Guten und das aber eine verdächtige Ähnlichkeit mit jener erhabenen Manneswürde hat, zum Reinen, *ohne jede Spur von menschlichem Fleisch, von Farben und Sonstigem*[18]. Das reine Wesen, die reine Identität mit sich, wird hier erstrebt; eben das, was man gemeinhin das *Platonische* nennt: *Zum ersten ist es ein ewig Seiendes, weder entstehend, noch vergehend ..., sodann nicht in gewisser Beziehung schön, in anderer hässlich ... Auch wird sich dies Schöne dem Beschauer nicht darstellen als ein Gesicht oder in der Gestalt von Händen oder von sonst etwas Körperhaftem* (dto. 210f.). Alles Irdisch-Gestalthafte kann hier nur zweitrangig, äußerlich, unwesentlich sein. Wie sollte der Mensch, der Künstler daran Anteil haben können? Müsste es nicht auf bloßes Narrentum hinauskommen, wenn der Sinnliche daran teilhaben wollte? Ist das nicht schlechthin gegensätzlich, unvereinbar, Feuer und Wasser?

Bei näherem Zusehen gibt Platon darauf allerdings eine erstaunliche Antwort, die - bezogen auf den *Sterblichen* - durchaus der Rede Aschenbachs ähnelt: *Denn auf diese Weise erhält sich alles Sterbliche, nicht etwa dadurch, dass es schlechterdings immer dasselbe bleibt, wie das Göttliche* (wie jenes reine Ich erstrebt), *sondern dadurch, dass das Abgehende und Veraltende stets ein anderes Neues, von gleicher Art mit sich selbst, zurücklässt. Durch diese Veranstaltung ... hat das Sterbliche Anteil an der Unsterblichkeit* (208). Denn eben darin ahmt es die Idee nach, darin gestaltet es äußerlich, was sein eigenes innerstes Wesen ist. *Unsterblichkeit* meint hier den - von Tragik und Negativität durchsetzte - Begriff des Lebens, den Kreislauf von Geburt und Tod, von Jung und Alt: Der Kreis war von jeher das Zeichen der Unendlichkeit. Dieser Kreis, diese Unendlichkeit liegt dann wiederum der Wechselbeziehung von *Mann* und *Frau*, *Manneswürde* und *Mütterlichkeit*, zugrunde, weshalb Platon dann von einer *Zeugung im Schönen* reden kann.

Wie aber sollte dies möglich sein, solange jene Unsterblichkeit gar so platonistisch und unzweideutig in die reine Identität, in Unwandelbarkeit und *Zeitlosigkeit* der Ewigkeit hinausgerückt wird? Müsste man nicht versuchen, jene Motive von Leben und Liebe in das Göttliche selbst irgendwie hineinzutragen, damit dies einen Sinn ergibt? Schon sein Schüler Aristoteles hat mit

---

[18]St. 211f., Übersetzung *Apelt*

der Vorstellung vom *unbewegten Beweger*, der bewegt *wie ein Geliebtes*, damit angefangen. Und könnte man nicht die *Unsterblichkeit* in einem Sinn verstehen, der Tod nicht schlechthin eliminiert, auch nicht in der Weise platonisierender Christen, der aber doch den Tod in einen (wesentlichen!) *Zusammenhang* mit dem Leben, auch mit jener reinen Reflexion des Ichs in sich, in das reine Wesen, bringt und dadurch in gewisser Weise *aufhebt*, zum Moment eines tragischen Geistes relativiert; also ungefähr so, wie Thomas Mann dies in seiner Novelle tut? Und wie dies ja auch das Motiv von Tod und Auferstehung tut, womit auch jener kreisförmige Unendlichkeit als dreieinige begründet wird, als den Leib oder das Leiden Christi, den ja der Christ *anziehen*, also sich zu eigen, zum eigenen Wesen nämlich, machen soll.

* * * * *

Der Rest der Novelle ist durch Sternchen vom Voranstehenden abgetrennt, also eine Art Epilog, der äußere Vollzug dessen, was im Geiste bereits beschlossen und abgehandelt ist. Nicht nur Aschenbach, nicht bloß die Kunst, sondern - *pars pro toto* - alle Sphären vollziehen jenen Rückgang in die einfache Einheit: *ein Gefühl der Ausweg- und Aussichtslosigkeit, von dem nicht klar wurde, ob es sich auf die äußere Welt oder auf seine eigene Existenz bezog.* Die Spannung, der Gegensatz von Ziel und Wirklichkeit erlischt, über Venedig liegt *Herbstlichkeit, Überlebtheit.* Der Verstand, die Ordnung, der Gegensatz von Regel und Geregeltem, verschwindet auf dem Strand, indem *dessen Sand nicht mehr reinlich gehalten wurde* und die Dinge *herrenlos* herumliegen, die zu einem ganz bestimmten Zweck vorgesehenen Instrumente, ein Stativ mit einem Tuch darüber, *klatschend im kälteren Winde* flattern. All die fein ziselierten Formen und Strukturen, vom souverän gewordenen Ich sorgsam gehütet unter Kontrolle gehalten, verfließen ineinander, verlieren ihre Bestimmtheit gegeneinander, ziehen das willenlos und passiv gewordene Ich wie die herrenlos gewordenen Dinge in sich.

Auch Tadzio betrifft dieses Schwinden. Seine kindlich-brüderliche Zeit in unbefangener Schönheit geht zu Ende[19]. Er muss erwachsen werden, in den Kampf von Ego und Alter-Ego eintreten, in die Phase der Kritik, der Abnabelung vom Ursprung. Sein Freund aus Kindertagen zwingt ihn in einen Ringkampf, fast auf Leben und Tod. Tadzios Naturvorteil erregt nunmehr den Anstoß des anderen erwachenden Selbstbewusstseins, das seine Autonomie gegen solchen Naturvorteil geltend machen muss: *Aber als ob in der Abschiedsstunde das dienende Gefühl des Geringeren sich in grausame Rohheit verkehre und für eine lange Sklaverei Rache zu nehmen trachte, ließ der Sieger auch dann noch nicht von dem Unterlegenen ab, sondern drückte, auf seinem Rücken kniend, dessen Gesicht so anhaltend in den Sand, dass Tadzio, ohnedies vom Kampf außer Atem, zu ersticken drohte.* Tadzio muss nun selbst ein Ich werden, muss sich gegen den Anderen verhärten, oder er muss weichen, zwischen sich und diese Welt einen Graben legen: *Vom Festlande geschieden durch breite Wasser, geschieden von den Genossen durch stolze Laune, wandelte er, eine höchst abgesonderte und verbindungslose Erscheinung, mit flatterndem Haar dort draußen im Meere, im Winde, vorm Nebelhaft-Grenzenlosen.* Für die schöne Unbefangenheit kommt die Alternative auf dasselbe heraus, sie verschwindet im Nebel, geht in Vergangenheit über. *Wie unter einer Erinnerung* (dieser vergehenden Unbefangenheit) wendet sich Tadzio um, blickt zurück, weist seinem Korrelat, Aschenbach, dem Künstler, den Weg, *als ob er, die Hand aus der Hüfte lösend, hinausdeute, voranschwebe ins Verheißungsvoll-Ungeheure,* ins Unendliche, wo die Parallelen, die sich im Dasein stetig fliehen und auf Abstand halten, sich schneiden: wo Reflexion und Unbefangenheit, Vater- und Mutterlogik, Entfaltung und Kontraktion, zueinanderstreben und ineinanderfließen in die Makellosigkeit des reinen Seins, des Nichts dieser Welt.

---

[19]An seinem Enkel *Frido*, dem Vorbild für *Echo* im *Doktor Faustus*, konnte Thomas Mann ja dann später selbst die Kurzlebigkeit solcher Kinderschönheit in Erfahrung bringen.

Printed in Great Britain
by Amazon